Je vais te rendre follement heureuse

Daniel Morin

Je vais te rendre follement heureuse

(Ne me remercie pas, ça me fait plaisir)

Chroniques radio

Fetjaine

Une marque de La Martinière Groupe
www.fetjaine.com
ISBN : 978-2-35425-172-7

Préface

Quatre ans...

Voilà quatre ans maintenant que les invitées féminines du *Fou du roi* ont droit au bonheur.

D'Arielle Dombasle à Liane Foly en passant par Marielle Goitschel, elles savent que, en venant à France Inter chez Stéphane Bern, elles passeront au moins cinq minutes inoubliables : celles passées à m'écouter.

Car on a beau être star on n'en est pas moins femme, qui rêve qu'un jour un prince l'enlève et lui fasse oublier l'espace d'un instant la monotonie d'un quotidien, aussi pailleté soit-il.

Et ce prince, c'est moi. Moi, Daniel Morin, modeste divinité érotique qui se met au service des désirs les plus secrets de celles qui ont la chance de passer par le studio 106.

L'ont-elles toutes mérité, ce bonheur que, sans retenue, je leur dispense avec fougue et talent ?

Je ne sais pas…

Je ne sais pas et peu importe, suis-je tenté de dire. Mieux vaut distribuer la félicité au plus grand nombre – quitte à en combler une qui ne le mérite pas tout à fait – plutôt que d'oublier une malheureuse qui le mérite vraiment…

Ma recette ?

Mais volontiers !

Un zeste d'humour, une brassée de rêve, un ouragan d'érotisme, une pincée d'humiliation… Secouez le tout cinq minutes puis servez sur un corps de rêve à la pilosité parfaite, accompagné d'une voix qui ferait passer Barry White pour un petit puceau, et le tour est joué. L'invitée repart heureuse, épanouie. Femme, quoi !

Aaah, si je n'étais pas pétri de modestie j'en dirais plus, mais ça me gêne.

Allez régalez-vous et ne me remerciez pas, ça me fait plaisir.

DM

Le Bureau des Hommes Victimes

Invitée : Christine Ockrent – 20 mars 2007.
Livre : *Ces femmes qui nous gouvernent.*

Je me présente : Dany Bigoudi, fondateur du BHV. Le Bureau des Hommes Victimes !
Je sais, c'est la grande mode de parler des femmes qui souffrent, mais derrière chaque femme qui se sent mal, il y a souvent un homme perdu, qui sous le coup de la détresse a du mal à sortir les mots justes !
Mesdames, bien plus souvent que vous ne le croyez, l'homme est fragile !
Souvent il essaie de vous dire…
« Mon amour ma vie en ce moment n'a plus de sens… J'ai un sentiment d'abandon si profond que j'en ai la gorge sèche. Si tu es vraiment ma moitié comme jadis nous nous le sommes promis dans le feu des serments de l'inconscience de la passion, eh bien ! tends-moi la main dans ce moment de détresse, tends-moi la main rien qu'un instant et après, je te le jure, je te laisserai en paix ! »
…et vous vous n'entendez que :
« Eh ! oh ! tu te fous de ma gueule ou quoi ! Tu vois bien que j'ai plus de bière et que la deuxième mi-temps a commencé !

Quand je pense que j'ai été assez con pour t'épouser… Allez, apporte-moi mes bières et retourne à la cuisine !»
Tu-tu-tu-tu-tut…
Ce cri que vous entendez, c'est seulement du propos brut teinté d'un peu de rudesse pour souvent mal cacher une timidité dévorante !

Tout ça pour vous dire que les hommes aussi ont
une sensibilité et qu'à force de leur faire croire qu'ils sont
des monstres, ils se fragilisent !
C'est pas facile pour nous, vous savez…
Car il est de bon ton en ce troisième millénaire
de demander aux hommes d'être un truc et son contraire…
On les veut mecs mais avec une touche de féminité…
Bons vivants mais pas alcooliques
Aventuriers mais à la maison
Généreux mais économes
À l'écoute mais pas curieux !
Sexuellement actifs mais avec une seule femme
Sauvages mais attentionnés
Poilus mais pas trop
Minces mais pas maigres
Forts mais pas gros
Doux mais avec du caractère
Animaux mais qui sentent bon
Virils mais sans se gratter les couilles…

En gros ce que vous voulez c'est un homme qui vous accueillerait en disant :
«Ah te voilà ma chérie je suis si heureux de te voir ! On passe à table d'ici une heure : ne t'inquiète pas, les enfants sont chez les voisins pour la soirée. Je t'ai préparé des coquilles Saint-Jacques avec une délicieuse sauce allégée… En attendant tu peux aller dans la salle d'eau je t'ai fait couler un bain, mon amour… Je te rejoins dans dix minutes avec un verre de champagne pour que tu puisses me raconter ta journée pendant que je te masserai les épaules… Ah, sur le lit tu verras un paquet : ouvre-le, c'est pour toi. C'est la paire de chaussures qu'on a vue avant-hier et qui

te plaisait tant. Si tu veux, tu peux les mettre ce soir pour aller à l'Opéra, j'ai réservé deux places pour 22 h 30, le taxi sera là quinze minutes avant… Mais si tu ne veux pas, c'est pas grave, je peux tout annuler par téléphone et commander au vidéoclub la saison 3 de *Plus belle la vie.* Je l'ai fait mettre de côté pour toi, au cas où… Si par hasard tu as envie qu'on passe un moment câlin, c'est sans problème : je me suis épilé le torse, j'ai acheté des menottes neuves pour mettre au radiateur de la cave, alors c'est quand tu veux pour que je te mette une peignée derrière la réserve à pinard et que je te fasse crier à en faire péter les bouteilles de mousseux ! J'ai aussi été faire les courses à Carrefour. En ce moment y a des super promos et, juste avant de rentrer à la maison, je me suis arrêté chez le fleuriste pour faire livrer un bouquet à ta meilleure copine Sylvie. C'est son anniversaire demain ! Pour finir, il y a une heure ton père a appelé : ta mère est morte ce matin !… Non, je plaisante, elle est pas morte : je t'ai juste dit ça pour que tu gardes à l'esprit le fait que même le plus attentionné des hommes reste au fond un salaud qui fait des blagues à la con !… Je t'aime ! »
Avouez…
Ça vous fait rêver !

Alors que nous, c'est quand même plus simple la femme idéale !
Nous on rêve de ça :
« Ah, te voilà mon amour ! Installe-toi confortablement dans le canapé, je t'ai acheté le DVD des plus beaux buts de Zidane. Dans trois minutes, le livreur de pizza devrait arriver avec une spéciale « fromage viande charcuterie garantie sans légumes ». Un peu plus tard ma meilleure copine Sylvie va venir te rejoindre pour te faire des trucs cochons pendant que tu regardes ton DVD… Je rentrerai de chez ma mère demain matin. Je t'aime ! »
C'est plus simple avec nous !

Non, il faut que ça cesse : nous sommes victimes d'humiliation continue et lancinante !
Au BHV, les hommes qui arrivent sont en miettes !

Certaines femmes sont des dragons sournois...
Je me souviens, parmi les premiers adhérents on a eu des curés : des collègues de sœur Sourire, vous savez celle qui chantait « Dominique nique nique ».
Elle faisait exprès de chanter ça devant eux, la nonne lubrique !
Les pauvres, ils étaient obligés de mettre leur chapeau sur les genoux pour ne pas être surpris en pleine élévation interdite, ça les a traumatisés !
Pareil pour le mari de Régine : depuis que sa femme a publié la liste de ses amants il n'ose plus s'approcher d'elle... Vu le nombre de types mentionnés, il a peur qu'il y en ait un ou plusieurs qui soient restés bloqués à l'intérieur !

Et puis il y a le dernier qu'on ait reçu au Bureau des Hommes Victimes...
Nicolas Sarkozy.
Il n'en peut plus d'être humilié par sa femme... Regardez tous les efforts qu'il fait pour une immigration contrôlée : eh bien rien que pour l'emmerder, chaque fois que Nicolas fait contrôler un avion qui arrive, Cécilia monte dans un avion qui part ! Il craque le pauvre !

Croyez-moi, Christine, les hommes souffrent aussi !

Mais trêve de pignolade venons à votre livre
Qui nous parle des femmes pour qui il fait « mauvais vivre »
Ici on s'dit « ça va » ils sont loin les vampires
Mais notre actualité nous a ramenés au pire
Car sans aller trop s'éloigner : c'est arrivé en France
Un sinistre Landru a aspergé d'essence
Une femme qui comme erreur avait seulement commis
De vouloir rester fière de ne pas être soumise
« Ça arrive près d'chez nous » faisons preuve d'attention
Comme quoi, comme vous le dites : poussons l'éducation
Alors il faut y aller : « éduquons éduquons »
et ceux qui ne veulent pas : app'lons-les « Eh, ducon ! »

Adoptez-moi !

INVITÉS : DAVID ET VALÉRIE DOUILLET – 4 OCTOBRE 2007.
Livre : *Notre grande famille. Histoire d'une tribu recomposée.*

Rhaaaaaaa, David et Valérie Douillet...
Bon Dieu quand je vous vois là, à côté de moi, j'ai comme une impression de sérénité qui envahit mon corps et mon esprit mécréant...
Qu'est-ce que vous êtes jolie, Valérie !... Je vous trouve très belle et fort séduisante... Vous avez un charme et un physique qui, tous deux si harmonieusement associés, me font vaciller...
J'vous kiffe !

Si vous le voulez Valérie, un seul mot, un seul geste,
Il ne m'en faudra pas plus et je vous enlève loin
de la marmaille et du quotidien,
Loin de David qui a fait de votre vie un grand tatami
Où à n'importe quel moment on peut se prendre une rouste
Avec moi Valérie ce sera la vie trépidante des sherpas de l'amour
qui n'hésitent jamais à s'attaquer à un Everest de passion
si ce dernier en vaut la peine
Vous serez ma mangouste, je serai votre cobra,
On sera heureux comme deux témoins de Jéhovah

Ahhh! ce que c'est excitant de frôler la mort comme ça en parlant de la sorte à la femme d'un champion olympique et du monde de judo catégorie «lourd», présent à ses côtés...
Je ne vous cache pas qu'un léger frisson d'angoisse parcourt mon échine en ce moment... David, vous êtes superbalaise quand même... Je m'attendais à voir un type bien bâti mais là, c'est la catégorie colosse... Une fois de plus Stéphane Bern m'a dit n'importe quoi...
Quand je lui ai demandé: «Il est vraiment costaud Douillet?»
Il m'a répondu: «Ben, pas tant que ça! Figure-toi qu'à l'occasion de la boum de départ de l'Élysée des Chirac je l'ai éclaté au bras de fer, il a chialé comme une petite tapette...»
Bref!

C'est quand même marrant David que vous vous appeliez Douillet avec votre physique et le sport que vous faites. Les deux ne vont vraiment pas ensemble...
C'est comme si Rocco son nom de famille c'était «Puceau». Ça n'a pas de sens... Vous imaginez, vous, un «Steevy Malin» ou une «Mazarine Intéressante»!
Passons...

Pour en revenir à votre livre écrit à quatre mains, *Notre grande famille*, eh bien j'ai été bouleversé... Famille recomposée qui vit en parfaite osmose sous l'œil bienveillant de votre couple...
Ce qui me surprend, c'est que vous ne faites pas usage de la force et de la violence aveugle dans votre schéma d'éducation. C'est dommage quand même quand on a votre physique...
À votre place je ferais avancer tout ce petit monde à grands coups de torgnoles! Vous avez été champion du monde judo des poids lourds, David, faut pas avoir peur! C'est pas six gamins qui vont faire la loi, non plus!
Vous croyez que Samy Naceri il a instauré le dialogue à la maison?
Mais ça a l'air de tellement bien marcher qu'on ne peut vous en vouloir. Et j'irai même plus loin: ça m'a amené à faire une légère introspection...

Bilan de cette introspection : j'ai une requête à vous présenter, Valérie et David...
Comme je ne savais pas comment vous le dire, je vais vous le chanter...

(Musique de Débarquez-moi *de Jean-Luc Lahaye)*

J'suis pas si heureux j'en ai que l'air
Je vis en banlieue derrière un cimetière
Le soir pour me distraire, je fais le tour
Des tombes : aux veuves je jette des pierres
J'habite toujours avec ma mère
Oui c'est pour ça que j'suis proche d'un cimetière
Mais maint'nant ça suffit
J'vous en supplie : pitié
David et Valérie
Adoptez-moi !
J'en peux plus de vivre comme ça
Je suis presque propre
Je n'sens pas trop sous les bras
Je lave mon corps
Tout en entier deux fois par mois
Dans mon nez je mets pas mes doigts
Adoptez-moi !
Vous ne le regret'rez pas
Je f'rai la vaisselle
La lessive et les repas
J'vid'rai la poubelle
Je sais tout faire de mes dix doigts
On pourrait faire ménage à trois
J'ai une réputation d'pervers
C'est vrai qu'j'ai couché avec Danielle Gilbert
J'me suis aussi tapé Lorie,
Jordy,
Mais jamais Émile Louis
Adoptez-moi !

Ici je suis humilié
Tous les jours Stéphane Bern
Aaaadore me violenter
Ça explique mes cernes
Et ce mec-là je vous le dis
Est pire que William Leymergie
Adoptez-moi !
Je s'rai servile et soumis
Superdisponible
Pour David et Valérie
Je f'rai l'impossible
Oui je compterai sans faire la tête
Toutes les pièces jaunes de Bernadette.
Adoptez-moi !

L'inspirateur

Invité : Michel Delpech – 18 juin 2009.
CD : *Sexa.*

Ah ! nom de Dieu, Michel Delpech, ce que vous êtes beau ! C'est dingue ! Le temps semble ne pas avoir de prise sur vous !
Et un des trucs les plus fous c'est que vous inspirez tout le monde avec vos chansons… Tenez tout à l'heure en arrivant à la radio j'ai croisé des ados : un troupeau d'incapables qui sortaient de l'épreuve de philo.
Il y en avait un avachi dans le métro qui regardait ses chaussures sans lacets en chantant mollement une de vos chansons, *Tu me fais planer.*

C'est terrible d'être un ado : d'être un gros loser
Ce matin j'ai p't-être fait une erreur
Je crois qu'j'ai dit que Karl Marx
Était un des quatre Marx Brothers
Oh yeah
Je me suis planté
Je suis un raté
Je r'tourne me coucher
C'est l'pied…

D'ailleurs on se dit que c'est dommage que vous n'ayez pas commencé votre carrière plus tôt vous auriez pu en inspirer d'autres... Je suis sûr que si le général de Gaulle avait connu votre répertoire, son appel du 18 juin – dont nous fêtons l'anniversaire aujourd'hui – aurait été plus fun.

(Musique de Pour un flirt *de Michel Delpech)*

Ici Londres : ici Londres
Les Français parlent aux Français
Ici Londres : écoutez
J'dois manger du pudding
Tous les jours avec Churchill
Ici Londres : ça m'déprime
Bientôt je reviens virer Pétain
Mais j'vous préviens
Qu'à mon grand retour ce s'ra fini
Les pastilles Vichy !

À un niveau personnel vous m'avez souvent apporté la lumière avec vos mélodies. Mélodies qui m'ont accompagné dans bien des chapitres de ma vie mouvementée.
Notamment quand j'étais un homme fougueux à la recherche perpétuelle de l'amour des femmes, de toutes les femmes, quand je privilégiais la quantité à la qualité...

(Musique de Le Chasseur *de Michel Delpech)*

Il était cinq heures du matin
J'étais seul et j'avais besoin
Qu'on me câline
Sous mes bras j'ai mis du parfum
Sur mes fesses un slip en satin
J'étais sublime
Tel un puma qui guette sa proie
J'étais très chaud
À côté du bar

Soudain j'ai vu
Tomber une shampouineuse
Elle avait trop bu
Elle tenait plus
Assise sur l'tabouret
J'me suis dit ça y est
Elle s'ra mon gibier
L'amouuurrrr frappe à ma porte
Puis pour l'amadouer
Je lui ai payééé
Un Malibu-Viandox
Quand elle parlait, j'comprenais rien
Mais je l'aimerai, ça, c'est certain
Avec ardeur
Pour qu'elle dessaoule j'lai fait danser
Sur mon épaule elle a bavé
Tout son quatre-heures
Son seul problème
C'était son haleine
De vieux teckel…

Le lendemain pour me remercier des dix-sept heures d'amour inoubliables que je lui avais offertes et qui avaient sûrement donné un sens à sa vie sordide, et à son corps des sensations qu'elle n'avait jusque-là ressenties, telles que la honte, la douleur mais surtout l'extase…, elle m'a emmené dans son salon et m'a offert une décoloration !
Quand j'ai vu dans la glace ma nouvelle chevelure jaune poussin avec des mèches fuchsia, j'ai réagi promptement en lui cassant la gueule ce qui a, je ne vous le cache pas, freiné les ambitions de notre relation embryonnaire…
Comme dirait Véronique Courgeau : « Ça a jeté un froid ! »
Ma vie amoureuse a connu des hauts et des bas, et à chaque fois vous étiez là Michel… Même dans les moments difficiles, par exemple quand j'ai connu les affres du divorce… Comme vous, j'ai chanté la dure séparation !

(Musique de Les Divorcés *de Michel Delpech)*

Cette fois on divorce vraiment
Deux mois de mariage c'est trop longtemps
Et ça n'a pas été facile
On s'était dit « oui » pour la vie
Qu'est-ce que j'ai été abruti
De n'pas voir que tu étais débile
Si financièrement ça ne va pas
Ne compte surtout pas sur moi
Je te conseille d'aller te pendre
Bien sûr j't'ai trompée en pagaille
Ta mère, Steevy, Rika Zaraï
Et quelquefois les trois ensemble
Oui c'est fichu
Entre nous
Toi tu continues
Sans un sou !

Bref, un divorce à l'amiable !
Enfin, pour conclure, je ne sais pas si vous êtes au courant mais ici autour de cette table je ne suis pas le seul à avoir été inspiré par vous Michel. De façon très touchante un des membres de cette équipe a rendu hommage à sa fiancée avec une de vos mélodies ! Cette personne au romantisme ébouriffant c'est Stéphane. Stéphane qui, par chanson interposée, voulait crier au monde son amour pour Mireille Mathieu…

(Musique de Marianne *de Michel Delpech)*

Elle est née vers Avignon en juillet 1910
Elle a fait un peu d'prison pour trafic de cannabis
Tous les soirs en se couchant
Elle ondule comme une gazelle
Ma Mireille a toutes ses dents
Dans un verre posé près d'elle
Dieu ! Mais que ma Mireille était jolie

Quand elle chantait à côté d'Sarkozy
En braillant comme un putois…
« allons enfants de la patrie ! »
Dieu ! Mais que ma Mireille était jolie
Quand je l'ai présentée à mes amis
Ils m'ont tous dit d'une seule voix
Qu'est-ce qu'elle est sympathique ta mamie…

Dieu grec

Invité : Demis Roussos – 13 mai 2009.
CD : *Demis*.

Hier soir, j'ai regardé Arte.
J'étais interloqué par la soirée Thema proposée : *La Beauté des laids*. Une espèce d'hommage à la laideur !
Vous pensez bien qu'en tant que caution esthétique de cette émission je me devais de jeter un œil sur ceux qui n'ont pas la chance qu'a mon miroir de salle de bains tous les matins quand je sors de la douche !
Alors, à écouter ces gens, il y a une beauté intérieure qui serait supérieure à l'apparence physique !
Ahhhh ! foutaises que tout cela...
Va expliquer ça à une fille quand tu veux l'inviter à danser un slow et que tu es moche comme un pou !

(Musique de slow)

– Salut toi. Tu danses ?
– Non mais ça va pas ou quoi ! T'as vu comme t'es moche ? T'as vu comment t'es gaulé ? On dirait qu'on a mis la tête de Ribéry sur le corps de Magloire !
– Eh bien sache qu'à l'intérieur de moi sommeille un George Clooney !
– Eh ben dès qu'il se réveille dis-lui de venir me voir...

Non, ça ne marche pas bien sûr ! Les moches, c'est moche, un point c'est tout !

Quand les belles acceptent les avances des pas beaux, c'est par dépit... Par dépit ou par frustration de ne pas avoir été choisies par des hommes comme vous ou moi, Demis Roussos !
Vous, Demis, héritier d'Aphrodite, d'Éros et d'Hermès, et moi descendant d'Apollon de Mentos et de Fervex... Ahhhhhh, je nous imagine, Demis, vous et moi courant nus au ralenti dans les jardins de l'Olympe, le muscle saillant, le regard fier et le poil arrogant au milieu des nymphes et des déesses s'évanouissant de bonheur dans le sillon de nos sprints effrénés et majestueux...

(Musique de sirtaki)

Et puis pour le fun nous descendrions sur terre nous déhancher au milieu des mortels sur des sirtakis infernaux où la fièvre de la danse nous prendrait au corps jusqu'à la transe !
Après la danse, pour nous rafraîchir, nous irions au Pirée et, tels deux Poséidon intrépides, nous plongerions dans l'onde, nager jusqu'aux Cyclades sans oublier de nous arrêter à Paros, pour rendre visite à Bernos, le dieu de la permanente !
Bien entendu, avant de regagner notre domaine nous honorerions les femmes du pays...
Du haut du phare d'Alexandrie, j'aurais chanté pour que toutes les femmes grecques sachent nos intentions libidineuses ! Oui, on aurait le sens du panache érotique, histoire que l'existence de ces femmes aussi banale qu'humaine prenne des reliefs divins de promesses d'extases qui, l'espace d'un instant, leur feraient émotionnellement toucher du bout du cœur les étoiles de glace et nos corps de braise !

(Musique de Rain and Tears *de Demis Roussos)*

Salut les filles
On est là
Pas longtemps

Alors profitez-en
Aujourd'hui
C'est gratos
Et j'suis v'nu
Avec Demis Roussos…

Sujet de légende

Invité : Franck Dubosc – 7 novembre 2008.
One man show : *Il était une fois Franck Dubosc.*

Rhaaaaaaaaaaaa, Franck Dubosc... Quelle joie de vous rencontrer !
Vous et moi dans la même pièce...
Si vous saviez comme je suis heureux de vous faire cette faveur...
Il était une fois Franck Dubosc m'a bien fait rire, monsieur Dubosc... Mais si vous voulez vraiment faire rêver, écoutez plutôt le récit incroyable de la plus belle fable érotico-romantique de ces deux mille dernières années...

(Musique)

Un récit écrit par des millions de femmes en l'honneur de Daniel Morin

(Musique)

raconté par Daniel Morin

(Musique)

Il était une fois Daniel Morin

(Musique)

Je me présente : Daniel Morin, sujet de légende !

Tout a commencé il y a vingt-trois ans, le jour de ma naissance... Jour de joie célébré aujourd'hui dans le monde entier. Dans d'innombrables pays catholiques, le jour de la naissance de Daniel Morin a remplacé Noël... Dans pléthore de pays laïques, il est jour férié pour les femmes afin qu'elles puissent librement penser nues à Daniel Morin pendant leur grasse matinée...
Quand Daniel Morin est né, il n'était pas beau, non!
Il était sublime...
Quand Daniel Morin est sorti triomphant de sa mère – en skateboard –, il avait déjà la classe... Il avait coupé son cordon qu'il avait mis en cravate autour de son cou. L'infirmière qui a tenu dans ses bras Daniel Morin a tout de suite été subjuguée par son énorme... charisme...
Elle était d'une grande laideur mais Daniel Morin ne lui en a pas voulu. Déjà petit il était magnanime...
Âgé d'à peine trois jours, Daniel Morin chantait dans les couloirs de la maternité pour séduire les bébés femelles...
Il chantait du Mike Brant et du Dave: Daniel Morin les rendait dingue. La légende était en marche...

Légende qui s'inscrivit en lettres d'or dans le granit du subconscient féminin quand, pour ses quatorze ans, il se rendit en vacances chez une de ses tantes et ses deux filles. Cet été-là elle avait recueilli une petite soubrette prénommée Cendrillon... Les deux filles étaient voraces et cruelles: elles furent parfaites pour l'initiation de Daniel Morin qui, du soir au matin et sous le joug implacable d'une puberté aussi moite que tendue, honorait sans relâche les deux furies dans toutes les pièces du manoir. Et même une fois au supermarché rayon poissonnerie avec participation active de la vendeuse, ce qui valut à Daniel Morin sa première expérience avec une personne de catégorie socioprofessionnelle inférieure à la sienne...
Et puis un jour, Daniel Morin était en train de se laver... Il se lavait au jet dans le jardin de la propriété en frottant son corps avec des graines de papaye sauvage qui donnaient à sa

peau des reflets chamarrés des senteurs exotiques et le goût de l'amouuuuurrrrr...
Pendant ce temps-là, Cendrillon m'observait, cachée derrière un tas de fumier... Je le savais, mais je la laissais faire. Pourquoi priver les gens d'un peu de bonheur?
Plus tard dans la journée je retombai sur Cendrillon: elle était en train de nettoyer le sol... Comme par hasard elle était là, à quatre pattes, en train de frotter à la brosse le parquet de ma chambre. Elle était en sueur, habillée de haillons, tel une Kosovare, et crasseuse comme une vilaine petite souillon qui se néglige... Sans faire de bruit, je me dirigeai vers mon pick-up afin d'y mettre une petite musique cosy: un truc d'ambiance quoi...

(Musique drague)

– Ah, c'est vous maître Daniel: vous m'avez fait peur...
– Tu-tu-tu-tu-tut... Pas de chichis entre nous. Laisse tomber maître Daniel, appelle-moi simplement Daniel Morin...
– Vous devez me trouver repoussante: je suis si sale, là, par terre à vos pieds...
– Ce n'est pas pour me déplaire, tu sais... De plus, sache que beaucoup de petites coquines comme toi qui ont fait une croix sur leur fierté trouvent énormément de réconfort dans l'humiliation. Ça leur donne une raison de vivre et, moi, je suis prêt, tel que tu me vois, à donner un sens à ta vie médiocre et crasseuse...
– Oh! ce que vous êtes gentil vous alors...
– Humm, tais-toi: ce n'est pas intéressant quand tu parles... Viens avec moi je vais te passer au Karcher et te faire découvrir les mille et un plaisirs intenses du grand livre des amours défendues, du taureau et de la loutre...

Sans surprise, inexorablement, la légende poursuivit son chemin et fit le tour de la terre... Et depuis, toutes celles qui de par le monde connaissent cette légende s'endorment en rêvant et en chantant...

(Musique de Un jour, mon prince viendra*)*

Un jour, mon Prince viendra,
Après Le Fou du roi
Il est beau comme un dieu égyptien
Oh, maman je veux Daniel Morin
Ce jour je veux pas l'manquer
Faut qu'je sois maquillée
Que je perde du poids
Que j'me rase sous les bras
Je veux pas qui m'prenne pour Maïté.

Il n'y a plus de vrai cow-boy

Invité : Eddy Mitchell – 23 octobre 2006.
CD : *Jambalaya.*

Oh là là là là là là là !
Qu'est-ce que vous me plaisez, Eddy !
Non, attention quand je dis que vous me plaisez : c'est vous, le personnage, pour qui j'ai une grande estime... Rien de libidineux dans l'affaire rassurez-vous !
J'aime votre truculence, votre côté « Je suis un mec, j'assume ». Pour moi vous êtes, après Patrick Juvet, ce qu'on a de plus américain en France, Eddy !

Je vous vois bien vivre à l'époque du Far West avec votre bande... Vous seriez le chef bien sûr !
Avec vous : Johnny. Nom de code « Optic 2000 » : c'est toujours pratique d'avoir dans sa bande un mec qui peut parler avec les loups...
Dick Rivers : nom de code « Canyon Moumoute » : c'est toujours pratique d'avoir dans sa bande un mec qu'on peut balancer aux loups...

Dany Brillant : nom de code « California Suzette » : c'est toujours pratique d'avoir dans sa bande un mec con comme un loup...
Et Jean Cacharel : nom de code « Rodéo Smell » : c'est toujours pratique d'avoir dans sa bande le mec qui a inventé le parfum Loulou...
Sacrée bande pour un sacré western, Eddy : et les westerns j'adore ça !
Et, si j'aime les westerns, c'est un peu grâce à vous Eddy. La Dernière Séance a beaucoup compté dans ma vie... Le côté viril courageux qui envoûtait les femmes ça m'a fait rêver !

Ahhhh ! les cow-boys... Ces sex-symbols aux jambes arquées qui traitaient avec le même amour leur femme et leur bétail.
D'ailleurs mon style de drague je le dois en grande partie aux cow-boys ! Quand je vois une fille qui me plaît souvent je m'avance vers elle en balançant la hanche droite et en laissant traîner la jambe gauche comme le grand John Wayne ! Après je m'arrête à dix centimètres de sa face, je crache au sol et je lui dis :
« Tu sais, Doris, je vais t'épouser on va s'accoupler comme des coyotes : on va avoir huit enfants débiles, un chat épileptique et trois chiens aveugles ! Tu passeras ta vie à nettoyer par terre et à me préparer des haricots rouges et, le soir quand je rentrerai du saloon bourré comme un apache, je te mettrai une claque sur le cul et on sera heureux. Hiii haaa ! »
Bon ça marche pas super... Ça marche pas du tout pour être honnête : mais je m'accroche ! Enfin aujourd'hui mes héros ont quelque peu changé !

Ce week-end : histoire de me mettre à la page en matière de western j'ai été au vidéoclub et j'ai pris un film de cow-boys récent, *Brokeback Mountain.* Trois Oscars, quatre Golden Globe, Lion d'or à la Mostra de Venise... De la grande qualité, je me suis dit...
Pour l'occasion j'avais invité mon meilleur ami Francky, gérant d'un Buffalo Grill ! Et pour l'ambiance j'avais même été jusqu'à louer un poney que j'avais installé dans le salon !
Oh, mon Dieu !

Le choc : c'était bien une histoire de cow-boys mais des cow-boys qui s'aiment un peu trop si vous voyez ce que je veux dire ! Oh ! le carnage !

(Musique de La Dernière Séance *d'Eddy Mitchell)*

Au début tout allait bien
On voit deux gars s'en aller
Ils emmènent dans le lointain
Des moutons pour transhumer

Avec Francky on est bien
Ça nous fait un peu rêver
On se dit qu'on a d'la chance
Y manque plus que Jack Palance
On est sûr qu'les Indiens vont arriver !

Puis je vais chercher deux bières
Puis de l'eau pour le poney
Je reviens je vois Francky
Il est en train de trembler

Sur l'écran on voit deux mecs
À poil en pleine chevauchée
Francky bave il est en transe
Ce western boul'verse ses sens
Il me dit « cow-boy, je vais te monter »

Aïe aïe, Francky, il a craqué
Il a voulu m'choper
Aïe aïe j'ai ouvert la fenêtre
Je me suis échappé
Aïe aïe par contre j'ai rien pu faire
Pour sauver le poney : poneyyyyyyyyy !

Lettre d'amour

Invitée : Emma de Caunes – 19 juin 2008.
Film : *Le Bruit avec des gens autour.*

Rhaaaaaa… Emma bonjour à toi, petite chose belle et précieuse à la fois !
Sachez belle enfant que, dans un premier temps, j'avais décidé de vous séduire… Après tout, vous comme les autres, vous avez aussi droit de connaître le grand bonheur…
Sauf que, ici au *Fou du roi*, il y a quelqu'un qui est raide dingue de vous…
Il est amoureux à en devenir chauve de désir. Amoureux comme le sont les grands babouins turcs quand ils voient apparaître sous la lune et ses reflets dans le Bosphore les sensuelles babouines !
C'est un des assistants de Stéphane… Il s'appelle Gaudéric. Oui, je sais, c'est bizarre comme prénom, Gaudéric, mais c'est son vrai prénom je vous assure. Ce n'est pas un pseudo de site de rencontre fétichiste accessoirisé…
Gaudéric est un prénom qui vient du nord de l'Europe. En viking, ça veut dire « furet mort » je crois. « Furet mort » ou « dindon castré » je ne sais plus exactement, mais c'est quelque chose d'imagé en tout cas…

Depuis qu'il sait que vous allez venir, il est très tourmenté notre ami furet : il a perdu dix kilos et trois dixièmes à l'œil gauche. Ses dents commencent à se déchausser, bref il était temps que vous arriviez...
Alors, bien sûr, je lui ai proposé mes conseils... Non, parce qu'en la matière je suis ce qu'on appelle une pointure...

Je me présente : Daniel Morin, icône vivante au panthéon des *lovers* !
Au guide parisien des plus grands séducteurs je suis chaque année « Caleçon d'or » ! L'année dernière j'ai même été « String de diamant » !
J'ai donc proposé mon aide au furet mais il l'a refusée. Un refus très louable puisqu'il a tenu à ce que son approche soit la plus honnête possible...
Il vous a donc écrit une lettre que je vais vous lire maintenant en conclusion...

(*Musique de* Love Story)

Chère Emma,
Je m'appelle Gaudéric et depuis longtemps je suis très attiré par vous et votre argent aussi !
Pour moi vous êtes l'idéal féminin fait femme. Vous avez un corps qui m'enchante et un visage... ça va !
Vous avez les cheveux courts, tant pis, mais je suis sûr que ça repoussera...
Est-ce que ça vous dirait d'aller avec moi au concert ?
Comme je suis son esclave depuis trois ans, je connais bien Stéphane Bern : il serait donc facile pour moi d'obtenir des tickets pour le prochain concert de Mireille Mathieu, sa maîtresse... On pourrait même aller la voir dans sa loge après le concert. On pourrait même rester dans sa loge pendant le concert pour pas avoir les oreilles cassées.

Si vous acceptez d'être à moi, je vous promets le restaurant deux fois par mois.
Bien sûr, au fil du temps notre relation passera de passionnelle à banale en passant par routinière mais c'est la vie et je ne veux pas vous donner de faux espoirs de bonheur aussi éternel qu'idiot...
Il va de soi qu'en échange des deux restaurants mensuels susmentionnés j'attends de vous une grande qualité d'entretien de la maison et un investissement amoureux sans faille.
Bref, vous deviendrez ma chose.
Réfléchissez : nous rediscuterons de tout ça à midi autour du repas que vous paierez... Ce n'est ni de la mauvaise volonté de ma part ni de la goujaterie, c'est juste que j'ai pas encore reçu mes Tickets-Restos...
Voilà : j'ai tout dit !

Non, vous ne rêvez pas...

INVITÉE : ÉVELYNE BOUIX – 4 MARS 2008.
Série France 2 : *Chez Maupassant*.

Ahhhhh Évelyne... Évelyne, mon pauvre petit lapin...
Je me présente : Daniel Morin, distributeur de bonheur.
J'ai appris la triste nouvelle Évelyne : tous les soirs au théâtre vous jouez et rejouez l'humiliation de la femme aigrie que la vie n'a pas épargnée...
Eh bien ça nous fait un point commun : pour moi aussi la vie n'a pas été très fair-play...
Nuit et jour et ce, toute l'année, je suis harcelé par la violence des femmes qui me veulent...
Même les jours de grève, je suis sollicité : dans les syndicats de cheminots Daniel Morin est une divinité de l'amour... Là-bas on l'appelle « un tramway nommé désir » !
Daniel Morin est victime de sa générosité : il sait qu'il représente tant de rêves et de promesses pour celles qui croisent son chemin.
Daniel Morin apporte la joie et la félicité partout où il passe.
D'ailleurs Daniel Morin est présent dans le vocabulaire de plusieurs communautés...
Pour les tribus du désert, il est synonyme de « grand oasis où coule à gogo du Banga ».

Chez les bonzes, il signifie « Tibet libre ».
Chez les canards du bois de Vincennes, il veut dire « quignon de pain » et, chez les étudiantes portugaises, il est carrément un message d'espoir ultime puisqu'il veut dire « épilation définitive ».
C'est pour ça que Daniel Morin donne tant…
Quand Daniel Morin se promène en forêt, il n'est pas rare de le voir poser ses mains sur un arbre mort pour lui redonner vie…
À Calcutta, Daniel Morin guérit les lépreux en léchant leurs moignons !
Les misérables développent le sens de l'humour quand Daniel Morin les serre dans ses bras… À ce propos, Daniel Morin regrette de ne pas avoir fait la même chose, il y a deux mois et demi, quand il a rencontré Mazarine Pingeot…
Et, bien évidemment, Daniel Morin est touché par la détresse des femmes seules qui basculent dans le gouffre de la quarantaine…

Ahhh ! ces pauvres femmes seules de la quarantaine qui ne croient plus en rien, qui sont amères parce que le poids des ans creuse sur elles, à grands coups de burin sans retour, les traces indélébiles de leur bonheur passé, de leur bonheur perdu ou bien de leur malheur de ne m'avoir connu…
Ces femmes qui, vingt ans plus tôt, avaient l'œil rieur et la fesse rebondie, et qui aujourd'hui ont le regard en deuil et l'croupion endormi.
Ces femmes qui voulaient toutes être des femmes Barbara Gould mais que le bonheur boude.
Ces femmes qui croyaient en l'avenir au fil de leurs passions.
Comme cette pauvre fille que j'ai brièvement connue…

Oui, elle y croyait quand, à seize ans, elle vivait une romance aussi idiote que romantique avec Pepito l'étudiant colombien aux cheveux longs, qui voulait changer le monde en espadrilles, en jouant de la guitare sur la plage comme un clodo écolo et qui finalement s'est lancé dans le trafic d'organes humains…

Retour de la confiance quand, à vingt-cinq ans, elle y croyait dur comme fer avec Jean-Michel, génie de l'informatique dont l'enthousiasme lui faisait oublier son physique à la Laurent Fabius et qui lui promettait la fortune grâce au lancement de sa start-up et qui finalement est devenu zoophile à force de tripoter sa souris...
Dernier élan d'espoir à trente-cinq ans quand elle se laissait bercer par les promesses de Raymond, VRP chez Cochonou qui lui promettait de quitter sa femme tous les jeudis soir à l'arrière de son break Peugeot sur le parking de chez Auchan après le buffet à volonté de chez Flunch... et qui finalement est devenu l'amant de la chef des ventes de chez Madrange... Pas facile la vie pour Véronique Genest...
Bref!

Pour en revenir à vous, chère Évelyne, je suis prêt à vous accorder un peu de mon temps... Oui, je n'ai pas peur de vous le dire au risque de vous faire perdre la tête: vous me plaisez, Évelyne...
Eh oui, voilà c'est dit, c'est lancé, je sais c'est dingue, vous devez commencer à ressentir comme des vertiges: vous vous dites sûrement: «Oh non c'est pas vrai je dois rêver je viens chez Stéphane Bern le dresseur de teckels et je peux repartir avec Daniel Morin le seigneur des grands fauves: je suis la femme la plus chanceuse du monde.»
Non Évelyne, vous ne rêvez pas. La preuve que vous plaisez à Daniel Morin: il a refusé du monde pour être disponible...

Daniel Morin est débordé et récemment un dossier compliqué a atterri dans les pattes de Daniel Morin...
Une femme perdue qui a tenté le tout pour le tout pour m'avoir à ses côtés...
Je me souviens encore de cette lettre déchirante que j'ai reçue d'elle et qui disait...

Ça y est je suis tout à toi j'ai quitté le petit furet des plaines de Hongrie et je suis prête à vivre la belle aventure à tes côtés, mon tigre impérial de la grande vallée des orgasmes multiples!

Avec toi je sais que ce sera tous les jours le grand jogging de l'amour et de la passion...
Accepte-moi, je serai ta loutre soumise...

Pour vous Évelyne et pour notre bonheur, j'ai répondu de façon aussi lapidaire que brutale : « Désolé : Daniel Morin ne peut rien pour toi Cécilia ! »
Voilà...
Réfléchissez bien, Évelyne : en attendant votre réponse Daniel Morin va aller faire l'amour avec le public...
À tout à l'heure...

Ma préférence

Invitée : Florence Pernel – 26 septembre 2007.
Théâtre : *Un type dans le genre de Napoléon.*

Rhaaaaaaaaaaaaa Florence Pernellllllllll !
Florence Pernelllllllllllllll !!!
Quelle douce joie de vous avoir enfin à mes côtés. Et quelle félicité pour vous d'avoir la chance de croiser mon chemin…
Je me présente : Daniel Morin. Occupation : dieu vivant de l'amour et de la séduction. À côté de Daniel Morin, Casanova, Dom Juan et Rudolf Valentino c'est Riri, Fifi et Loulou…
Permettez-moi de vous dire, dans un premier temps, que Daniel Morin vous a adorée à la télé dans *Le juge est une femme* !
Souvent les femmes à grandes responsabilités, autoritaires dans le civil, cherchent dans le privé à se faire punir, et la réputation internationale de Daniel Morin fait qu'il est sollicité en permanence… Daniel Morin c'est « un corps de fer dans une peau de velours » alors forcément on en veut… on en réclame…

Car Daniel Morin n'est pas un bourreau : il sait alterner peines et plaisirs…
La dernière fois, Daniel Morin était à la cravache… Une fois passée la douleur ma proie a éprouvé comme un sentiment de liberté. Elle m'a dit :
« Vas-y Ben Hur fait claquer, bon Dieu !

Fais-moi courir dans la vallée des mille extases telle une pouliche épileptique à m'en faire péter le cuisseau... J'ai la bave aux lèvres et la fumée aux naseaux ! Fais-moi sauter la haie des interdits ! Lâche tout, Yves Saint-Martin, je suis dans la grande ligne droite de la douleur salvatrice... Je veux que le vent de la honte souffle dans ma crinière lubrique...
Hueee cocotte ! »

Bon, cette fois ça avait été un peu loin...
Suite à cette séance la fille a conservé une allure et une tête de jument...
Heureusement pour moi la fille en question avait déjà le Q.I. d'une pouliche elle ne s'est rendu compte de rien... J'ai même gardé de très bons rapports avec Évelyne Thomas...
Bref !

Si vous êtes là, Florence, c'est pour évoquer les quatre piécettes de Sacha Guitry dans lesquelles vous jouez...
Quatre dont : *Un type dans le genre de Napoléon.*
Alors, Florence Pernel, si jamais c'est ce genre qui vous plaît je ne saurais que trop vous suggérer d'essayer Daniel Morin...
Daniel Morin qu'on surnomme en Centrafrique « L'empereur de l'amour » ou bien encore le « Bokassa de la galipette ».
Une nuit dans les bras de Daniel Morin et c'est la guerre du plaisir qui commence. C'est toute l'épopée napoléonienne qui défile sous la couette...
On commence avec des sensations de chaleur accablante et de moiteur terrifiante des corps. Arrive l'extase devant l'obélisque. C'est la campagne d'Égypte... Puis c'est la Russie : la couette n'est plus, comme les grognards on a les pieds gelés. Pieds et corps réchauffés par un deuxième assaut brûlant : le soleil d'Austerlitz ! Enfin, au réveil, c'est le calme plat : la bataille fut grandiose, les corps sont meurtris, inertes, à bout de souffle plus rien ne peut plus bouger... C'est Waterloo !

Et puis qu'est-ce qu'il a de spécial ce Sacha Guitry ?

On en fait tout un flan parce qu'il avait beaucoup de maîtresses…
Alors là, si c'est la motivation première, sachez qu'au Népal on dit que Daniel Morin aurait autant de maîtresses qu'il y a d'étoiles dans le ciel…
Chaque étoile correspond à une de mes conquêtes: Roselyne Bachelot, c'est «la Grande Ourse».

À présent que nous avons fait connaissance je vois bien que votre regard sur moi n'est plus le même, Florence… En même temps je vous comprends c'est presque inhumain de résister à Daniel Morin…

(Musique de Ma préférence *de Julien Clerc)*

Je le sais
Tu meurs d'envie d'être avec moi
Je te plais
Tu te dis prête à tout plaquer
C'est parfait
Mais s'il te plaît
Florence calme-toi
Oui, je sais
Pour moi tu s'rais prête à traverser
La France
Un peu dans tous les sens
Bon, allez
Daniel Morin cède à Florence
T'as d'la chance
Est-ce que tu en as conscience
Aujourd'hui
Ton corps fragile va prendre goût
À la vie
Mon corps d'athlète va te donner
Le tournis
C'est promis

Florence tu s'ras en joie
Tu peux me croire
C'est autre chose que Guitry crois-moi
Tu vas voir
Morin c'est pas Sacha
Est-ce que tu es prête
Tu vas connaître le nirvana
Ma poulette
Peut-être même le coma
On f'ra l'amour
Sous assistance respiratoire
Pendant sept jours
Sans manger et sans boire
Petite coquine
Je sais qu'tu vas tout raconter
Aux copines
Tu vas pouvoir frimer
C'est signé
Pour une semaine je suis à toi
Ça c'est fait
Par contre après faudra pas pleurer
Et pour t'consoler
J'ai un cadeau pour toi
Pour ma Florence à moi
c'est un poster de moi…

Romantique

Invité : Franck Dubosc – 13 janvier 2006.
Spectacle : *Romantique.*

Attention mes frères, alléluia mes sœurs… Il revient.
Celui qui a le cheveu gris, l'œil bleu et le teint qui brille est de retour… C'est Franck Dubosc !
À ne pas confondre avec celui qui a l'œil qui brille, le cheveu bleu et le teint gris : ça, c'est Michou !

Depuis le 6 octobre, Franck, vous sillonnez la France, tel un grand fauve du rire et de la séduction !
Avec un corps sculpté à la Brad Pitt quand il avait douze ans…
Une coupe de cheveux de danseur pour vieilles, un sourire de VRP napolitain et un pendentif « dent de requin » style plagiste argentin, vous avez tout du DJ seine-et-marnais ! Et, ça, dans les campagnes, ça cartonne grave, Francky !
Ah ! vous devez en soulever de l'étudiante en BTS coiffure et de la secrétaire de direction en charcuterie industrielle !
En plus, c'est plutôt sympa de votre part d'aller en tournée et de faire profiter les régions de votre talent et de votre physique : dans certains coins de la France, ça les change du quotidien !
Dans quelques départements il était temps de faire du neuf et d'apporter du rêve !

Tenez par exemple, le dernier grand séducteur qu'on ait vu dans l'Yonne c'était Émile Louis !
Ahhh ! vous êtes pas loin d'être le meilleur, Franck !

Moi qui ai vu votre spectacle, *Romantique*, je n'en suis pas revenu des cris que poussent les femmes quand vous êtes sur scène. Et pour vous dire la vérité, ça m'a rendu dingue de jalousie !
Du coup je me suis dit : « Allez vas-y Daniel, inspire-toi du grand Franck Dubosc ça va le faire » et j'ai été dans le premier bar venu. Histoire de faire plus « Dubosc » je me suis pomponné comme un caniche de vieux, parfumé comme une dame pipi et… petite touche finale pour la *Total Dubosc Attitude* une énorme dent de requin en jade sur mon poitrail velu ! Voix de velours et hop ! c'était parti !

(Voix grave)

Salut toi ! Je me présente : Daniel Dubosc. Depuis dix minutes je te regarde et je me dis : « Vas-y Daniel, va lui parler, elle aussi, elle mérite un peu de bonheur ! » Tu n'es pas très jolie ? Et alorrrrrrs ? Derrière une vilaine petite chenille comme toi se cache peut-être un papillon ? hin hin hin hin…
Tu sais quoi ? J'ai envie de t'emmener en vacances chez moi dans ma villa superluxe de Rio de Janeiro, au sud de Dallas ! Tu verras, c'est sublime : le soir, toi et moi, nous courrons complètement nus sur le sable de ma plage privée, puis nous nous allongerons et nous ferons l'amour pendant dix-sept heures comme le font les loutres jamaïcaines et, quand nous serons épuisés, nous regarderons mes étoiles : oui, j'en ai acheté trois, juste au-dessus de chez moi !
Mais, pour nous baigner, nous irons dans ma piscine, la mer est infestée de requins… Moi, je m'y baigne sans problème mais, pour les gens normaux, c'est dangereux ! Tu vois cette dent de requin qui scintille sur mon torse bardé de muscles ? Je l'ai arrachée moi-même lors d'un combat avec un grand squale !
Tu dis ? « C'est même pas une vraie elle est en jade ? »

...C'était un requin bouddhiste!
Et puis son mec est arrivé, elle m'a remercié
pour l'invitation et m'a souhaité bonne chance
avec mon cancer de la gorge!

J'en ai donc conclu que je devais abandonner le style Dubosc, il n'y a vraiment que vous pour que ça marche : décidément Franck, vous êtes superfort en Dubosc ! Vous devez être un des mecs les plus chauds de la profession : si ce n'est le plus chaud !

À ce propos, j'en profite pour féliciter la programmation des invités de cette émission qui vous a fait venir le lendemain des trente ans de la mort d'Agatha Christie... Car même si vous ne vous appelez pas Hercule, c'est quand même vous le poireau du show-biz !
Respect !
Enfin, il y a quand même un truc qui me chiffonne, mon Franck !
Je me demande comment vous réagiriez si une femme vous draguait à la Dubosc... Allez : petite mise en situation !

(Voix aiguë)

Salut toi! Je suis Françoise Dubosca et je me disais
en te regardant « le petit mignon là-bas avec sa tête
de puceau ça doit faire une paye qu'il doit avoir envie
de connaître le vrai, le grand frisson avec une créature
faite pour l'amour... et je suis làààà ! »
Je ne sais pas pourquoi mais je te trouve touchant
avec ton visage de premier communiant et ton corps
de Playmobil! Si tu veux, en quelques heures je peux tout
t'apprendre des secrets de l'amour. Pour ce faire,
c'est simple : tu viens chez moi et tous les deux
sur ma moquette en poils de pitbull géant de Tanzanie
nous pousserons des cris à faire tomber les feuilles
des arbres. Je t'emmènerai si loin dans le plaisir
que demain tu parleras couramment chinois!

Quoi qu'il en soit, dans la vraie vie je ne sais pas comment ça se passe pour vous avec les femmes, mais sur scène c'est géant ! Pour conclure, je dirai que s'il y a bien longtemps de cela la Rome antique de Jules César voulait briser la Gaule, aujourd'hui le *Romantique* de Franck Dubosc lui a redonné toute sa fierté...

Festival de Cannes

INVITÉ : FRÉDÉRIC MITTERRAND – 14 JUIN 2007.
Livre : *Le Festival de Cannes.*

Rhhaaaaaa quel plaisir de recevoir, en la personne de Frédéric Mitterrand, un peu de finesse d'esprit et d'élégance dans cet univers de brutes à l'intelligence épaisse…
Vous êtes ici pour parler de votre livre, *Le Festival de Cannes*. Ahhh ! le festival de Cannes… Rendez-vous incontournable du cinéma et de la fête, concentré sur une dizaine de jours où on doit la jouer très serré…
C'est peut-être le seul moment dans leur vie qu'auront un Brad Pitt ou un George Clooney pour monter les marches avec Chimène Badi ou Évelyne Dhéliat !
Aujourd'hui tu chantes avec Nikos Aliagas ou bien tu couches avec Régine, l'année prochaine tu fais la montée des marches !
Bon, il n'y a pas que ça comme récompense dans les exemples que j'ai donnés. Chanter avec Nikos ça peut te valoir la décoration des Arts et des Lettres, et coucher avec Régine aujourd'hui ça vaut bien le Mérite agricole.
Enfin, peu importe : tout ça pour dire que le festival de Cannes est à l'image d'une analyse d'urine de coureur cycliste : on trouve de tout ! Mais quoi qu'on en dise : le festival de Cannes reste un moment à part, un moment de magie…

Bref, Cannes c'est quelque chose mais, vu par Fred Mitterrand, c'est un ton au-dessus !
Bon, vous allez le constater, amis auditeurs du service public : je ne suis pas imitateur mais c'était trop tentant !

(Imitation Frédéric Mitterrand)

Cannes : ville du Sud où le soleil donne son dernier rendez-vous aux seniors comme pour les gaver de lumière avant qu'ils ne s'apprêtent à rejoindre le royaume de l'obscur... Cannes qui en mai range ses vieux embaumés pour accueillir ses festivaliers botoxés ! Cannes et son festival avec sa cérémonie d'ouverture d'un ennui aussi mortel qu'un best of de Francis Cabrel !
Cannes et son palais des festivals dont le tapis rouge sang accueillit autrefois les foulées mythiques d'étoiles qui n'avaient pas attendu de monter au ciel pour briller de mille feux...
Tapis qui aujourd'hui est toujours rouge mais de honte quand, au sommet de ses poils, il supporte les enjambées molles de boudins à la mode dont l'espérance de célébrité est aussi limitée que la date de péremption de leurs consœurs de charcuterie !
Festival et ses fêtes poudre aux yeux que certains apprécient poudre au nez pour y voir les filles plus belles : c'est l'effet poudre à canon !
Fêtes où il coule assez de champagne pour remplir la Méditerranée une deuxième fois et pour nous vider de nos retenues une fois de plus !
On y frôle de l'épaule de la star sublime made in Hollywood qui nous fera rêver toute la soirée, mais c'est avec une maquilleuse qu'on passe la nuit !
On s'allonge en pensant à Nicole Kidman, plus grande déesse de Los Angeles, et on se réveille à côté de Chantal plus gros herpès d'Argelès !
Le lendemain matin vers quinze heures, tout le monde a rendez-vous pour le début des projections : on va enfin pouvoir dormir !
Puis arrive la cérémonie de clôture où, comme chaque année, un film albanais, coréen ou kosovar recevra un prix

pour avoir montré pendant deux heures trente un enfant qui parle à un caillou mort ou un puma toxicomane qui fait de la planche à voile pour sauver le monde !
Puis ce sera l'heure de rentrer à Paris et à l'aéroport tout le monde se dira « c'était nul cette année, c'est la dernière fois que je viens là » et bien évidement tout le monde reviendra l'année suivante parce que Cannes c'est plus fort que toi !

Loup solitaire

Invitée : Hélène Grimaud – 29 octobre 2008.
CD : Bach, *Le Clavier bien tempéré.*

Décidément, cette femme est admirable.
En cette période de crise, d'incertitude et d'angoisse quant au futur, c'est la seule qui fait quelque chose pour redonner le moral aux Français en donnant son feu vert pour que l'alcool puisse faire sa pub sur Internet…
Vive Roselyne Bachelot !
Ça va être génial… voire très instructif pour notre jeunesse.
Regardez nos ados qui les soirs de week-end s'envoient des litres d'alcool pour atteindre l'ivresse : ça les esquinte ! Alors que si sur le site sportif de *L'Équipe,* par exemple, on voyait de temps en temps un flash pub disant :
« Si tu es jeune, écoute bien ce message : sache que, quand tu fais un effort sportif intense et que juste après tu bois cul sec un demi-litre de vodka Popov, comme ton rythme cardiaque est plus rapide, l'alcool passera plus vite dans ton sang : tu seras bourré tout le week-end ! »
Économie d'achat d'alcool et relance de l'intérêt du sport pour une jeunesse aussi blasée que désabusée !
Notre ministre de la Jeunesse et des Sports fait un travail remarquable !

Pensons aussi aux hommes seuls qui hésitent à aller dans les lieux de rencontres où pourtant ils pourraient briser cette solitude...
Le célibataire se balade sur un site de rencontres et, là, boum! un flash...
«Hey, tu es célibataire? Tu veux choper à tout prix? Les Whiskies McDébile te donnent un tuyau: sort en boîte, saoule-toi la gueule et tu verras... Une fois bourré, même les moches c'est chouette...»
Merci Roselyne!

Pour la suite de cette chronique je m'étais juré de résister, d'être sage et de laisser tranquille notre invitée... Mais malheureusement je crois que mes vieux démons sont plus forts que ma volonté.

Rhaaaaaaaaaaaaaââââ, Hélène...
Si vous saviez comme je suis heureux...
«Alléluia: ça y est je l'ai rencontré!» À partir d'aujourd'hui, voilà ce que vous pourrez enfin dire à vos copines en parlant de moi!
Oui je suis content pour vous, Hélène Grimaud, que sans vous y attendre vous puissiez, comme ça au débotté au détour d'un micro, faire une rencontre majeure...
Figurez-vous que je ne suis pas le premier venu, ma petite cocotte!
Je suis quasiment une légende!
Au Kenya, je suis en photo à l'entrée des villages et les femmes se prosternent devant mon portrait afin de devenir fertiles...
Au Venezuela, on a constaté des débuts de grossesse nerveuse chez certains hommes qui venaient de me serrer la main... Et c'est là que je me dis que j'ai eu tort, fin juin, de faire la bise à Rachida... Bref: c'est fait c'est fait!
Je me présente: Daniel Morin, grand mystère érotique...
Hélène, votre parcours m'a touché. Quand vous êtes au piano, votre style inimitable me bouleverse: pour moi – et j'ai toujours raison – vous êtes la reine du zouk...

Quand vous jouez, je me revois quinze ans en arrière quand j'étais DJ à Fort-de-France et que, tous les soirs, je faisais danser le zouk-love à toute la population des Caraïbes… Je mixais en combinaison fluo jaune 100 % skaï : j'avais la coupe afro et un déhanché aussi fluide que torride qui déclenchait des scènes d'hystérie jusqu'à Buenos Aires…
J'ai été banni des Antilles pour raisons de salubrité publique… Mon impact sur la population était tel qu'à l'évocation du nom de Daniel Morin, même en pleine rue, les gens commençaient à copuler…
Mais la musique antillaise n'est pas notre seul point commun, Hélène. Votre passion pour les loups en est un second.
Vous l'aurez sûrement remarqué Hélène, Daniel Morin est très proche de cet animal. Mais attention, pas de celui qui vit en meute et sans ambition comme un agent SNCF… Non : Daniel Morin a davantage le style du loup solitaire, celui des grandes plaines de Sibérie ou des forêts denses de Transylvanie…
D'ailleurs il y a huit ans, à l'époque où je recherchais autre chose dans ma vie, autre chose que cette machine à donner du bonheur que j'étais devenu, je m'étais retiré dans le Grand Nord. J'étais en quête de communion avec les éléments et j'ai été servi… Je vivais nu dans la steppe : je mangeais des feuilles mortes et des marmottes givrées : j'étais revenu à l'état de nature…
Pour garder la forme, je brisais la glace des lacs pour aller m'y baigner sous le regard aussi intrigué qu'émerveillé des animaux qui par milliers se réunissaient sur le rivage pour admirer l'écume glacée qui se figeait sur mon passage en laissant un sillon aux allures polaires… Et c'est justement un jour de baignade au sortir de l'eau que j'ai rencontré l'amour…
J'étais en train de me sécher en me frottant sur un grand lynx quand elle m'a lancé avec humour mais sans ambiguïté : « Ah na hannn na hi hi na ! »
Ce qui veut dire : « Ça te dirait qu'on aille faire des cochonneries cette nuit ? Allez vas-y, sois cool c'est la pleine lune on pourra hurler. »

Elle était sublime. Le soir comme prévu sous la lune nous nous retrouvâmes !

Son visage tanné par le froid sibérien et bouffi par l'alcool de yack était aussi rond et brillant que l'astre qui nous surplombait. Elle retira ses habits faits de peaux de bêtes récemment tuées, ce qui donnait à son corps ce fumet légèrement faisandé... En ce qui me concerne, les reflets de notre satellite naturel se cognaient violemment sur les bosses saillantes de mon extraordinaire enveloppe musculaire, éclairant miraculeusement la forêt d'un halo divin. Puis elle me sauta dessus en hurlant : « Aah na na hannnn hi ahhhhn naaaaa hiiii ! »

Ce qui veut dire : « Je n'en peux plus Cap'tain Igloo. Vas-y, prends-moi telle une turbine possédée ! Fais chauffer nos corps et notre amour à en faire fondre la glace... Traite-moi comme la dernière des zibelines négligées... Je suis tout à toi ! Je suis ta chose ! Ton Mister Freeze ! »

Alors, obéissant au grand cérémonial du rut sibérien, j'ai fait treize fois le tour de ma bien-aimée sur le dos d'un grizzli, puis je me suis roulé dans la neige treize minutes en chantant du Cabrel et je lui ai fait l'amour pendant quatre-vingt-sept heures !

Ce n'est que six jours plus tard qu'elle se réveilla.
Elle prit ses fringues puis elle partit au Canada.
Notre aventure fut brève mais elle fut exquise
Si jamais elle écoute il faut que je lui dise
Souvent, je pense à toi, à l'odeur de ta peau
Jamais je n't'oublierai délicieuse Line Renaud !

Soyez ignares, soyez incultes !

INVITÉE : HÉLÈNE VINCENT – 2 OCTOBRE 2007.
Mise en scène : *Van Gogh à Londres.*

Études ou pas études ?
Que faire ?
En faire ou pas ?
Mais enfin bon sang, c'est évident !
Si vous êtes physiquement attrayant il faut absolument quitter l'école à seize ans !
Oui, il faut s'enfuir et vivre sa jeunesse comme un jeune chien fou courant comme un dératé la bouche ouverte et la queue au vent dans les plaines fleuries du Mozambique au coucher du soleil quand les gazelles sont au point d'eau, et les guépards chez Leader Price !
Mais bien sûr !
Je m'en souviens comme si c'était hier...
À l'adolescence, moi et mes amis beaux et incultes, on aimait se retrouver au crépuscule dans les jardins publics pendant que les gens laids rentraient chez eux réviser pour mieux oublier qu'ils étaient hideux...

Nous nous mettions complètement nus pour vivre plus librement notre bêtise de jeunes humains fougueux et insouciants !
Puis une fois, la nuit noire nous enveloppant de son manteau complice, nous nous entraînions à l'accouplement jusqu'au petit matin telles des loutres mormones québécoises subsahariennes…
Oooh ouiiiiii… Ne plus obéir à rien ni personne. Être comme un enfant aux yeux de lumière qui voit passer au loin les oiseaux !
Refuser de marcher en rangs serrés deux par deux pour rentrer dans une salle où, durant des heures entières, un homme maigre et dégarni portant pantalons de velours et chemise à carreaux nous parle d'un Pythagore dont le théorème ne sert même pas à devenir bon à la PlayStation !
Et si ce n'est cet homme, ce sera une femme en surcharge pondérale et à l'haleine d'un phacochère victime de caries purulentes qui tentera de nous persuader de la beauté d'écriture d'un Ronsard qui a dit « Mignonne allons voir si la rose » pour choper de la meuf alors que le génial penseur contemporain Mat Pokora a déjà tout résumé en chantant « Viens avec moi sur le dance floor, bébééé » !
Quand on est ado, le prof est un pervers polymorphe capable de tout pour vous pourrir la vie. Il peut aller jusqu'à essayer de vous éduquer à votre insu, le vicieux !
Non ! Vive la liberté !
Et entre nous : à quoi servent les études ?
Est-ce que Steevy a eu besoin d'étudier longtemps pour subjuguer la France entière plusieurs fois par semaine ?
Non !
Bien sûr que non !
Imaginez ce que ça aurait donné s'il avait été jusqu'en CM2…
Trop de culture et de savoir auraient sûrement nui à sa spontanéité !
Aujourd'hui il est juste vif et super-réactif : quand le thème abordé est sulfureux et délicat, il se transforme de façon presque animale et on l'appelle le gyrophare : il fait du bruit avec sa bouche et il clignote des yeux !

C'est comme Régine : vous croyez qu'avec des études elle aurait été plus loin dans sa carrière ?
Elle et ses hommes ont préféré vivre la nature humaine à 100 % !
D'ailleurs, comme le disent souvent les amants de la vieille chanteuse : « Avec Régine on a appris l'amour sur le tas ! »
Car en vérité je vous le dis, mes amis : les études ne sont en fait qu'un frein a votre liberté de penser. Et « vous n'aurez pas ma liberté de penser », comme le disait si justement à son coiffeur le grand Florent Pagny !
Soyez ignares, soyez incultes : vivez dans l'instinct, et pas dans le calcul et la pensée formatée qu'on vous impose depuis l'enfance !
De toute façon je suis tranquille dans mon propos depuis hier j'ai le gouvernement avec moi !
Dès l'année prochaine, 9 000 profs de moins ! Des classes de 380 élèves : juste le temps de faire l'appel et le cours est terminé, allez hop ! pas de chichi !
Les études, c'est une perte de temps à dix, quinze, vingt et même – voire surtout – à quarante ans. Tenez-vous le pour dit, il faut laisser les études aux enfants laids, histoire qu'ils ne deviennent pas dépressifs…
À ce propos et pour illustrer mes dires voici une petite chanson qui s'inspire de votre film…

(Musique de Il venait d'avoir dix-huit ans *de Dalida)*

Il venait d'avoir quarante ans
Il était laid comme Michel Blanc
Ou Francis Heaulme
C'était en juin évidement
Et il flippait c'est évident
Jusqu'au rectum
Il passe le baccalauréat
Même s'il sait qu'il ne l'aura pas
Il est trop bête

Mais il a quand même révisé
Mathématiques, chimie, anglais
Et même la gym
Il venait d'avoir quarante ans
Il était assis sur son banc
Avec des femmes
Y avait Lewinsky Monica
Il y avait Dave et Loana
Et Jacky Chan
Puis quand les épreuves ont commencé
Il a vu Monica pomper
Ce fut un drame
Il l'a tirée par les cheveux
Dave a chanté c'était affreux
Bien trop pénible
Jacky Chan a cassé une table
Loana rejoint son étable
C'était horrible
Le surveillant les a virés
Il l'a accusé de tricher
La fin du rêve
Pour lui le bac, c'est terminé
Il pleure sur le trottoir mouillé
C'est pathétique
La morale de cette chanson-là
Elle est pour tous les candidats
Ceux qui insistent
Si t'es con quand tu es un enfant
Tu l'es toujours à quarante ans

Générosité et don de soi

INVITÉE : ISABELLE MERGAULT – 30 JANVIER 2008.
Théâtre : *Croque-Monsieur.*

Rhaaaaaâ, Isabelle Mergault… Nom de Dieu ce que c'est bon de vous avoir là près de mon flanc !

Quand je vous regarde, je bats de la papatte et j'ai l'œil qui suinte…

J'imagine que vous aussi vous devez être dans un état pas possible. Vous vous dites sûrement :

« Oh, c'est dingue il est là, si près, si beau, si irrésistible, si… brûlant, si… lui-même ! Qu'est-ce que je fais, je lui saute dessus tout de suite en espérant qu'il récompense ma fougue par un baiser de feu sur mes lèvres goulues ou bien est-ce que j'attends sagement la fin de l'émission pour me jeter à ses pieds en lui hurlant : "Arrache-moi à ce monde sans saveur, ô toi grand Don Quichotte du service public qui a su redonner à la femme toute son identité de petit être fragile qui n'aspire qu'à une chose, se blottir au creux de tes bras surpuissants de grand guerrier de l'amour, la tête calée sur ton torse dont la douceur des poils n'est pas sans me rappeler le pelage de la loutre vierge des plaines du Cachemire, le nez vissé à tes aisselles dont les effluves musqués, boisés et fleuris me plongent dans des torpeurs tropicales aux vertus orgasmo-olfactives immédiates !" »

… Et tout ça est bien normal ma foi.

Je me présente : Daniel Morin, virus officiel de la maladie d'amour. Je suis une légende vivante de la puissance romantique. En Birmanie et au Mali pour me rendre hommage tous les enfants mâles qui naîtront dans l'année seront prénommés Daniel Morin. Et dans le monde entier on voit de plus en plus fleurir en ville des rues Daniel Morin…
À ce propos il faut que je parle à Delanoë : ça commence à faire ringard comme nom « avenue des Champs-Élysées »…

Bref : alors, comme ça, Isabelle, on joue à la veuve croqueuse d'hommes ?
Ça ne me fait pas peur. Ça ne me fait pas peur et ce pour plusieurs raisons…
Primo, Daniel Morin n'a jamais peur.
Deuxièmo, Daniel Morin connaît bien le dossier des veuves…
En tant que divinité du bien-être, de l'extase et de la félicité, Daniel Morin soutient les veuves dans leur calvaire. Il les invite parfois à venir chez lui pour les consoler de leur chagrin, pour leur apporter une lueur d'espoir et ce – et, là, j'insiste – sans discrimination physique…
Daniel Morin reçoit le vendredi soir dans son boudoir dans une ambiance détendue et feutrée à la fois !

(Musique d'ambiance)

Sois la bienvenue chez moi, Graziella. Vas-y, mets-toi à l'aise…
Oui, Graziella, je suis nu et je vais le rester tout le temps que tu seras là…
Daniel Morin supprime les barrières entre lui et ceux qui viennent lui demander de donner sa bonne parole…
N'aie pas peur Graziella : arrête de trembler, tous mes membres sont apprivoisés. Aucun d'entre eux ne te sautera dessus…
Dis-moi si je me trompe, Graziella, mais ça fait longtemps que tu es veuve, non ?
Oui, je m'en doutais : non, personne ne me l'a dit mais Daniel Morin sait lire les signes de la vie, Graziella… Et vu

comment tu t'habilles ça doit faire un bail que tu n'as pas fait d'efforts de séduction...
Tu aimes cette musique, Graziella?
Oui c'est très chaud et très sensuel à la fois...
C'est la musique d'attente du téléphone de l'Élysée avant qu'on vous passe Carla Bruni...
Mais qu'est-ce qui se passe Graziella: pourquoi pleures-tu?
C'est l'émotion de te retrouver seule avec Daniel Morin: je comprends... Allez, ma petite cocote, viens faire un câlin dans les bras du maître...
Chuuuuuut: calme-toi, Graziella, calme-toi...
Arrête de pleurer ça fait couler ton maquillage et du coup tu es encore plus laide...
Allez, faut se ressaisir maintenant.
Il faut que tu rebondisses, Graziella...
Et crois-moi pour rebondir tu as des prédispositions...
Tu dois rebondir comme une balle de jokari sur la grande plage de la vie. Et je crois que c'est ton jour de chance, Graziella...
Daniel Morin va t'aider à rebondir. Daniel Morin va être pour toi la grande raquette de Jokari en bois qui te tape dessus pour te donner de la vitesse...
Ne me remercie pas Graziella: donner du bonheur est toujours une joie pour Daniel Morin...

Voilà Isabelle. C'est tout moi ça: générosité et don de soi... Maintenant pour te rendre hommage Isabelle, je laisse la parole à un spécialiste des stars de ton standing...

(Voix Frédéric Mitterrand)

Isabelle Mergault: femme féline aux formes sublimes, elle est aussi femme d'esprit: un cocktail parfait de beauté et d'humour.
On dirait un croisement entre Esméralda et Anne Roumanoff...
Pendant dix ans elle fait partie des *Grosses Têtes*, et très vite elle tombe amoureuse de Jacques Balutin mais ne peut consommer cette passion qui la dévore puisqu'elle est la maîtresse de Sim et l'esclave de Philippe Bouvard...

Dix ans plus tard, elle épouse Laurent Ruquier. L'union est fructueuse, ils ont un fils. Ils l'appelleront Steevy…
Aujourd'hui tout réussit à Isabelle : ses films, ses pièces, ses coupes de cheveux… tout est succès.
S'il existait un guide du talent on lui mettrait vingt sur vingt au Mergault et Millau…
Isabelle femme fatale au chuintement délicat, vous avez exorcisé votre petite coquetterie de la langue en écrivant une chanson…
Et, bien entendu, je me dois de la faire découvrir au public :

(Musique de Je chante *de Charles Trenet)*

Je chuinte !
Je chuinte soir et matin,
Je chuinte je n'y peux rien
Je chuinte à la maison au boulot
Manqu'rait plus qu'j'aie en plus la voix de Jeanne Moreau
Petite
On m'a emmenée chez l'docteur
Ce type
Mais quelle horreur
Il a dit faut couper y en a trop
Sa langue pèse vingt-trois kilos
Je chuinte
Mais ça n'm'a pas empêché
Les hommes
De consommer
Quelquefois quand je m'excite trop au lit
Y croient qu'c'est Donald Duck qui dit des cochonneries
Je chuinte
C'est la musique de ma voix
Je chuinte
Et ça me va
Mes mots à moi sifflent toujours un peu
Ça veut dire qu'ils sont heureux

Souvent, je fais un rêve...

INVITÉ : JEAN-CLAUDE BRIALY – 23 NOVEMBRE 2006.
Livre : *Mon Algérie.*

Quand on m'a demandé de dresser votre portrait, Jean-Claude, je serai tout à fait honnête avec vous, je ne savais pas comment vous prendre !
Dans tous les sens j'ai retourné votre épais dossier et : pas la moindre prise humoristique ne s'est tendue vers moi...
Et puis, au bout d'un long moment, je me suis dit : « Rien ne sert de tourner autour du pot, Daniel. Vas-y, dis-lui, tu en meurs d'envie depuis si longtemps ! »
Vous me plaisez Jean-Claude. Vous me plaisez énormément !
Oui je sais c'est surprenant de ma part d'entendre ça !
Quand on me voit, on a tout de suite l'impression qu'on a à faire à un étalon 100 % dévoué à la cause de la pouliche ! On pense sans sourciller que sous ma chemise d'un blanc paradoxalement virginal se cache une carapace de muscles bandés à mort et que, sous cette dernière, palpite un cœur de taureau qui ne bat la mesure qu'au contact rapproché de hordes entières de femelles aussi alanguies que bouillantes, prêtes à se donner comme de brutes escalopes mal dégrossies sous la lame fuselée et l'attendrisseur puissant d'un implacable boucher serbe...
Eh bien, non, Jean-Claude : non, non, non, mille fois non !

À l'intérieur de la bête qu'on croit immonde se cache tout un univers de sentiments et de sensations étouffées !

Souvent je fais le même rêve... Et dans ce rêve je suis comme un petit rossignol aux ailes atrophiées qui ne pense qu'à une chose et j'essaye de voler jusqu'au dernier étage de la tour du château pour chanter la sérénade à mon prince charmant, prince qui a la vivacité intellectuelle de Laurent Fabius et le corps de Roch Voisine... Et surtout pas le contraire !
Bref !
Et moi, petit rossignol victime de ses ailes mièvres et moribondes, je n'y arrive pas, au sommet de la tour du château. Je stagne péniblement à hauteur du premier étage, tel un goéland idiot, et suis obligé de me poser vaincu sur le rebord d'une fenêtre !
Puis inlassablement le rêve se termine toujours de la même façon... Je me retrouve la tête en bas en train de me faire manger le croupion par la concierge du château ! Et là je me réveille en sueur !
C'est moche comme fin de rêve vous en conviendrez !

J'en ai assez, je veux vivre libre... Libre comme un homme sans obstacles devant lui et qui, tel le lièvre des hauts plateaux tartares, quitte sa triste femelle et fend la bise glacée des steppes de son sol natal : le regard droit, les oreilles plaquées, la truffe orgueilleuse et la queue touffue en direction de sa terre promise où l'attendent des kilos de fromage ail et fines herbes !
Ah ah ! Rhaaaaaa ! Oui c'est ça que je veux !
La liberté !
Liberté de me débarrasser du joug « catolico-bourgeois-hétéro-coïto-interrompus-navigo-prends-le-bus » !
Je suis prêt à tout abandonner pour vous, Jean-Claude ! Pour toi Brialy !
Je le dis ! Je le crie ! Je le chante aussi !

(Musique de Salade de fruits *de Bourvil)*

J'en ai connu des belles à toutes saisons
Des grandes des petites parfois des canons
Quelques fois j'ai consommé du boudin
Oui mais secrètement mon cœur bat pour le tien

Jean-Claude Brialy, joli, joli, joli
Je n'suis pas pervers : je veux just' te plaire
Jean-Claude Brialy, joli, joli, joli
Je suis complèt'ment dingue de toi
C'est un souci
Aïe aïe aïe aïe aïe aïe/Aïe aïe aïe aïe aïe aïe

Agissons et ne perdons plus de temps
Devenons sérieux en nous engageant
Moi je ferai de toi un homme heureux
« Oh oui » épouse-moi ce sera merveilleux

Jean-Claude Brialy, joli, joli, joli
Je n'suis pas pervers : je veux just' te plaire
Jean-Claude Brialy, joli, joli, joli
Allons tout droit à la mairie
Qu'on nous marie
Aïe aïe aïe aïe aïe aïe/Aïe aïe aïe aïe aïe aïe

Puis nous partirons en voyage de noces
On f'ra la Bretagne, on fera la Corse
On verra des paysages inconnus
Et si tu en as marre je te boucherai… la vue

Jean-Claude Brialy, joli, joli, joli
Je n'suis pas pervers : je veux just' te plaire
Jean-Claude Brialy, joli, joli, joli
Si tu veux, je s'rai ton esclave
Je s'rai soumis
Aïe aïe aïe aïe aïe aïe/Aïe aïe aïe aïe aïe aïeeeeeeeeeeeeeeeeeeee !!!

Finie, la langue de bois !

Invité : Jean-François Copé – 24 avril 2006.
Livre : *Promis, j'arrête la langue de bois.*

Jean-François, en ce moment vous êtes au top !
Vous avez le sourire débonnaire de la loutre et le regard espiègle du ouistiti… Déjà, avant on sentait qu'on pouvait avoir confiance en vous mais là aujourd'hui c'est le pompon : vous promettez d'arrêter la langue de bois !
Allez, petit test Jean-François…
– Cinq plus cinq ?
– *(Copé)* Dix.
Eh oui, voilà : ça, c'est le Jean-François d'aujourd'hui : il ne tourne pas autour du pot…
Bim-boum, tout de suite, du tac au tac la vérité qui fuse, qui sort sans chichi sans fard et sans paillettes !
Il y a encore six mois, Jean-François aurait tergiversé, du style… « Cinq plus cinq égalent combien ? Je veux bien répondre évidemment, sachez qu'à l'UMP nous travaillons sur le dossier depuis fort longtemps : nous n'avons pas attendu que vous nous posiez la question Mr Morin ! Un dossier que nous ne prenons pas à la légère : c'est même une de nos urgences au gouvernement. Ce qu'on appelle un vrai débat contemporain : pourquoi ? Eh bien, tout simplement parce qu'il est au cœur des préoccupations des

Français. Et les préoccupations des Français, c'est notre priorité ! Par contre, avant de vous donner des éléments de réponse à la question du "cinq plus cinq égalent combien", qui, une fois de plus je le rappelle, mobilise toute notre énergie, je serais curieux de savoir ce que les socialistes ont à dire sur le sujet… Socialistes qui, à l'époque où ils étaient en charge du dossier « cinq plus cinq égalent combien », ont laissé pourrir la situation à un tel niveau que nous avons dû travailler jour et nuit sans relâche pendant des mois pour qu'il retrouve un semblant d'équilibre… Aujourd'hui, Dieu soit loué et grâce aux efforts donnés sans compter par l'équipe Raffarin hier et Villepin aujourd'hui, le cinq plus cinq, à la fin de l'année 2006, devrait être égal à onze ! »

Eh oui, finie, cette époque, Jean-François : aujourd'hui tout est dit franco !
Jean-François dans la troisième partie de votre livre vous évoquez les sujets qui fâchent ! Les grandes questions sont abordées !
Alors, pour l'occasion, je me suis mis à votre place et m'imaginant porte-parole du gouvernement répondant à quelques-unes de ces grandes questions sans langue de bois !
Le plein emploi est-il possible ?
– Non ! On va pas commencer par dire des conneries : le plein emploi, la vie active c'est comme la libido chez Régine ! Y a plein de gens qui veulent y rentrer mais, même si l'offre est importante et même en bourrant bien, y a pas de place pour tout le monde. En plus, pour ne rien arranger, les gens déjà installés dedans ne sont pas prêts à laisser leur place !… Non, le plein emploi, c'est bidon !
Monsieur le porte-parole, qu'en sera-t-il dans un futur proche des dépenses publiques et des Français et de leurs impôts ?
– En trois mots, comme dirait David : « Ça va douiller ! » On a de plus en plus de chômeurs, ça fait plus d'alloc' à verser. Les canicules ne sont plus comme avant, ça fait plus de vieux à soigner. Et en ce qui concerne la Sécurité sociale, comme le disait une chanteuse célèbre à ses amis : « À force de tous taper dedans, le trou s'est encore agrandi ! » On va avoir besoin de pognon !

Pour illustrer mon propos, je reprendrai cet extrait de correspondance entre deux grands esprits du siècle dernier...
Monsieur Rocco de Siffredi répondait à Lady Monica Lewinsky: «Aujourd'hui, c'est pas le tout de savoir pomper: il faut aussi pouvoir remplir!»

Ah! là là là là là là! Quel bonheur tout cet élan de vérité politique!
Et si vous en profitiez, Jean-François, pour appliquer cette rigueur de sincérité dans le privé également?
Au lieu de dire à madame: «Tu es très en beauté ce soir ma chérie! J'ai pour toi les yeux du jardinier sur son plus beau parterre de roses, je vais être très fier de t'avoir à mon bras pour cette première à l'Opéra avec ta maman et serai plus heureux encore quand nous rentrerons à la maison ensemble!», vous pourriez tout simplement lui dire: «Ho, tu me plais trop ce soir, Moumoune! Là, je sens que j'ai le regard du grand aigle chauve et viril des Carpates sur la brebis bouclée et timide du Tibet! On va rester à la maison ce soir: de toute façon l'opéra me gonfle et ta mère me gave!»
C'est le même message!

C'est comme quand vous vous adressez à votre concierge, madame Dragovich! Arrêtez de lui dire: «Dites donc, madame Dragovich, c'est bizarre il doit y avoir un problème avec les livreurs du *Figaro*: ça fait quinze jours que je ne l'ai pas reçu! J'espère que demain ce sera arrangé! Au fait, ça se passe bien les préparatifs de Noël?», soyez plus direct, Jean-François! «Ah, oh, la Kosovare! Tu le revends à qui mon canard? Ça fait deux semaines que tu me voles, espèce de Bolchevik! Je te préviens: si à partir de demain tu me le montes pas à sept heures pétantes, au niveau des étrennes de Noël tu seras comme ton sapin: t'auras les boules!»

Plus direct, pas de langue de bois, donc plus efficace!
Non, vous êtes dans le vrai, Jean-François!

Et si récemment un animateur télé a sorti un hamburger à la langue de bœuf qu'on régurgite instantanément aux toilettes après l'avoir consommé – le Cauet Burger – vous avez fait mieux ! Vous avez sorti la recette du vrai parler : celle de la langue de bois qu'on ne consomme plus et qu'on met d'emblée aux oubliettes !
Vive le Copé Burger !

Grande brute !

Invité : Jean Reno – 2 mars 2009.
Film : *Le Premier Cercle.*

On croise tous les doigts ce matin, avec la sortie du *Guide Michelin* : la première étoile tant attendue du guide gastronomique va-t-elle enfin couronner d'un succès mille fois mérité le poulet frites de la cantine de Radio France ? Réponse dans moins d'une heure. En attendant…

Ahhhhhhh, ce que c'est bon, nom de Dieu !
Jean Reno !
Ça, c'est du mec : c'est pas du bobo chrétien de gauche commerce équitable qui pèse quarante-trois kilos dont cinq de gel capillaire, qui s'épile le torse à la cire d'abeille bouddhiste et qui parle en tortillant du popotin et en buvant de l'eau minérale 0 % de matière grasse…
Et ça plaît aux femmes. Mais oui, j'ai mené ma petite enquête ! Quand autour de moi j'ai mentionné des acteurs style Léonardo DiCaprio ou Johnny Deep, j'ai eu des réactions du style : « Ooh, ils sont trop mignons on adore. » Quand je mentionne Brad Pitt ou George Clooney, elles me disent : « Hummm oui, trop beaux les mecs, on kiffe ! » Et quand je dis « et Jean Reno ? », j'ai en retour : « Ouaouh, bouillant ! Bestial ! Ça fait peur, on a

le sentiment qu'on va se prendre une raclée, mais on le mérite tellement… »

Vous cartonnez avec les nanas, Jean Reno.
Avec votre physique à mettre des trempes à tout ce qui bouge, ça les rend hystériques les filles… Et à tout âge !
Hier, j'étais dans le bus en train de lire votre dossier de presse, une petite grand-mère était assise à côté de moi et, à la vue de votre photo, elle a perdu de sa retenue, Mamie Nova. Son dentier est tombé. Ses cheveux bleus se sont dressés sur son crâne plissé… Elle se tortillait dans tous les sens, on entendait couiner sa gaine…
Vous plaisez aux femmes : vous dégagez une espèce de force brute et animale à la fois qui ferait perdre son sang-froid à n'importe quelle femme batracien au sang-froid : même une Mazarine Pingeot !
Oh ! le nombre de femmes qui doivent rêver de vous : ça doit être hallucinant !
Je les imagine d'ici, plongeant dans la nuit et son royaume des songes, laissant de côté la cohorte pesante de leur quotidien moribond…
Ahhhh oouuuiiiiiii ! Enfin du grand frisson !
Terminé d'avoir comme unique émotion polissonne la nuit du premier samedi du mois quand le mari, aussi abruti qu'ingrat, encore émoustillé par les galipettes et brouettes canalpluziennes lui offre, grand seigneur, quatre minutes de saillie brouillonne et égoïste, lumières éteintes pour ne pas voir son visage creusé et son corps en jachère en continuant de s'imaginer malmenant une starlette au Q.I. bonnet D dont le seul talent fut un jour de tomber nue sur le dos et d'y rester !
Non, non, non !
Dans ses rêves la femme en question imagine le coup de sonnette imprévu…
« Han ! Mais qui cela peut-il être : une livraison de La Redoute ? »
Et non : c'est vous qui êtes derrière la porte, Jean !

Vous la regardez en souriant et vous lui dites: «Allez viens, on s'en va.»
Et, là, elle balance d'un geste aussi volontaire que rageur ses pantoufles achetées aux Trois Suisses en plein dans la photo de sa belle-mère posée sur la cheminée!
Nerveuse mais coquette, elle va pour se pomponner mais vous la stoppez net par les cheveux en lui disant: «Non pas la peine tu es mieux au naturel...»
Puis vous la prenez par la main de façon énergique – vous lui pétez deux doigts, mais peu importe, elle est avec vous...
Vous l'emmenez dehors et vous lui dites: «Le carrosse de madame est avancé.»
Vous la balancez dans votre camion. Elle se pète un genou, mais c'est pas grave, elle est avec Jean Reno, tout va bien!
Dans son rêve, au bout de vingt minutes de trajet vous arrivez sur une plage paradisiaque. Là, elle n'en croit pas ses yeux. Vous vous mettez nu en lui disant: «Le soleil est mon ami et à mes amis je ne cache jamais rien!»
Timidement, elle se déshabille pour ne garder que son soutien-gorge et sa grosse culotte!
Elle est aux anges les 45 degrés environnants lui réchauffent sa peau grasse et blanchâtre. Elle trouve ça délicieux!
La dernière fois qu'elle a eu une sensation de chaleur sur la peau c'était en sortant un poulet du four quand elle s'est brûlée au troisième degré!
Et puis, bien sûr, dans son rêve elle vous imagine vous approchant d'elle le muscle saillant, le regard de velours!
Vous la prenez dans vos bras et lui susurrez à l'oreille: «Je vois bien que la vie a été dégueulasse avec toi... Je sais bien que tu n'es pas heureuse chez toi, que l'ennui a envahi ton corps, à l'image de ces vilaines vergetures! Mais maintenant je suis là: et crois-moi quand Jeannot est là, c'est la fête au village! Je vais te faire l'amour, petite femme au physique quelconque! Mais attention: avec moi ce sera pas *Le Cercle des poètes disparus*, ça sera plutôt *Fight Club*!

Je vais te malmener, ma cocotte, mais tu vas aimer… Je vais sûrement te casser une côte ou deux, c'est vrai, mais par amour ! »

Ahhhhhh, le fantasme de la brute !
Voilà qui quelque part m'arrange un peu et me rassure énormément, pour être honnête…
D'ailleurs vous êtes bien au courant de la situation, Jean.
Tellement au courant qu'à vos débuts dans le cinéma, quand vous croisiez pléthore de cocottes soumises, vous en avez fait une chanson…
Alors pour vous rafraîchir la mémoire et comme je ne cache rien aux auditeurs du *Fou du roi*, je m'en vais la livrer et pas plus tard que maintenant !

(Musique de La Ballade des gens heureux *de Gérard Lenormand)*

Souvent quand une fille me regarde
Elle a du vice au fond des yeux
Elle cherche une bonne bousculade
De l'amour bien vigoureux
Je fais de l'effet aux pintades
Masochistes qui veulent des bleus
Quand on arrive enfin dans ma chambre
Elle me dit « attache-moi je le veux
Cravache-moi soit abominable
Mets-moi une trempe, bande-moi les yeux
Et après cette bonne bastonnade
Mon corps entier ce s'ra Le Grand Bleu »

Après le quinzième jour

Invité : Michel Leeb – 9 octobre 2008.
Théâtre : *Parle moi d'amour.*

Ahhhhh, l'amooouuuuuuur, quel bonheur !
J'ai bien connu ce sentiment quand j'étais jeune et un peu foufou…
Quel délice que cet état mielleux de bien-être qui nous envahit, nous donne un sourire idiot et un regard de Bisounours héroïnomane quand nous sommes en présence de la personne qu'on aime par-dessus tout. Même si elle n'est pas très jolie…
Au début de la relation, il y a l'état de grâce qui dure parfois longtemps : des fois, quinze jours entiers… En cas de petite tension, l'autre est toujours compréhensif et souvent tout s'arrange sur l'oreiller, témoin silencieux des débordements physiques où la sueur de l'effort et les larmes du bonheur laissent des traces difficiles à ravoir en machine, même à haute température, et au grand dam de la femme de ménage aigrie et jalouse de vos épanchements de couple frais et actif qui lui rappellent le temps déjà bien trop lointain où son mari bourru la tenait fermement par la taille de ses gros doigts rugueux et bouffis de travailleur manuel pour mieux la besogner sauvagement entre deux lessives…
Une fois la période passionnelle terminée, à partir du seizième jour donc, le couple s'est lassé de ses étreintes lubriques aussi

épuisantes qu'avilissantes. Car avouez-le, on n'a pas l'air très malin pendant cet exercice… Alors en cas de petites tensions, comme l'amour n'est plus là c'est la dispute ou la perfidie qui prennent le relais.
Prenons deux exemples…

Monsieur rentre du travail, il est 20 h 30.
Pendant la passion…
– Coucou mon amour, c'est moi !
– Oh ! mon chéri j'ai été distraite aujourd'hui j'ai oublié d'aller faire les courses…
– Mais c'est pas grave, mon ange ! Ce soir on va sortir, je t'invite au restau et demain j'irai chez Lidl avec toi !

Après la passion :
– Non mais je rêve, la bouffe est pas prête !
– Bon, je te préviens tout de suite, j'ai pas eu le temps d'aller faire les courses aujourd'hui !
– Ah, ben oui, forcément ! T'es tellement occupée à rien foutre que ça t'empêche d'aller chez Carrefour ! Bon, je vais te laisser continuer à glander devant tes placards vides moi je vais becter dehors…

Autre exemple : monsieur surprend madame sous la douche en rentrant dans la salle de bains… Pendant la passion :
– Tu es si jolie, ma petite belette, sous l'eau qui ruisselle sur ton corps ! Alléluia ! Une déesse est venue prendre sa douche chez moi !
– Tu es trop gentil mon amour mais j'ai un peu honte de moi : j'ai pris un kilo cette semaine…
– Ne t'inquiète pas, ma loutre, tu es de plus en plus belle à mes yeux : je dois en faire des jaloux !
– Au lieu de parler, et comme j'en ai très envie, viens me faire l'amour !

Après la passion :
– Oh, la vache le morceau ! Ça glande, mais ça oublie pas de bouffer ! Y aura jamais assez d'eau pour rincer autant de peau ! Au secours, y a Moby Dick dans ma baignoire !
– Oh, ça va lâche-moi ! Je sais, j'ai pris un kilo cette semaine !

– Un kilo au centimètre carré, oui ! Je serais à la place de la balance, j'irais me planquer sous le linge sale... Oh, nom de Dieu, je suis sûr que tu réussirais à dégoûter Émile Louis !
– Au lieu de dire des conneries, et comme j'arrive plus à les atteindre, viens me couper les ongles des pieds...

Ahhh l'amour ! « C'est comme le bon vin, pour qu'il s'épanouisse il lui faut une bonne cave », comme le disait si bien le poète autrichien Joseph Fritzel en sortant de la sienne...
À présent et pour conclure : j'ai une bonne nouvelle pour toutes celles qui cherchent un mec et qui aiment le pognon. Le boss de *Playboy*, Hugh Hefner, cherche une fiancée...
Bon, c'est pas l'occase du siècle : il a quand même quatre-vingt-deux ans. Faut aimer la viande un peu faisandée... Je pense que toutes les pièces ne sont pas d'origine mais ça tient encore... Le pauvre milliardaire est bien malheureux puisque Holly, sa fiancée de cinquante-quatre ans – cinquante-quatre ans de moins, elle est âgée de vingt-huit ans – vient de le quitter...
Bon, vous me direz, il en a deux autres à demeure. Deux autres qui à mon avis sont plutôt tranquilles à la maison... Leurs occupations c'est de se décolorer les cheveux et de se regarder pousser les seins, c'est tout...
Je pense que ça faisait déjà un bail que le lapin Playboy il était plus branché sur Duracell... Au niveau des galipettes, elles doivent pas être débordées les deux siliconées.
Allez-y les filles, c'est le moment !

L'anniversaire de Stéphane Bern

Invité : Titouan Lamazou – 15 novembre 2007.
Livre : *Zoé Zoé, femmes du monde.*

Vous n'êtes pas sans savoir qu'hier c'était l'anniversaire de sa majesté Stéphane Bern : vingt-trois ans, l'animal. Quelle santé ! Quel parcours ! Quel homme !
Bon, ben, forcément hier après-midi c'était la petite cérémonie traditionnelle dans les locaux de Radio France, comme Stéphane l'exige... euhhh le souhaite pardon !
On est tous réunis habillés en esclaves et, quand Stéphane rentre dans la pièce, on doit lui lire le texte qu'il a écrit et qu'on nous a distribué. On doit se mettre à genoux regarder le sol et dire en cœur : « Bon anniversaire maître : laisse-nous te servir encore toute une année. Pour toi, nous donnerons notre chair, nous donnerons notre sang... Ave Cesarus Stephanis Berneum ! »
Il nous écoute du haut de son lit à porteurs, style Cléopâtre... Hier il était habillé assez sobre : juste une petite guirlande de lierre tressé pour lui servir de pagne... Après, on passe chacun notre tour devant lui pour l'offrande personnelle qu'on doit déposer à ses pieds. Il nous donne un coup de martinet on dit « merci » et on s'en va...

Sauf que cette année avant de s'en aller Stéphane nous a demandé de venir à la petite fête qu'il organisait chez lui. On a refusé en lui disant la phrase qu'il aime bien entendre, à savoir: «Non merci, maître, nous ne méritons même pas ton coup de pied divin sur nos misérables croupions.»
Mais il a insisté en nous disant que, cette année, c'était différent et qu'il souhaitait vraiment nous avoir chez lui pour son anniversaire avec tous ses amis...
On est donc arrivé chez son altesse vers dix-neuf heures: il nous a accueillis en personne et en vitesse, vu qu'il n'était pas tout à fait prêt. Il portait déjà sa perruque poudrée mais il était encore dans son peignoir en soie sauvage mauve brodé d'or...
Après, il nous a invités à aller vers la cuisine...
Stéphane souhaitait vraiment qu'on vienne, c'est vrai, mais qu'on vienne faire le service...
Toute la soirée on a passé les plateaux et vidé les cendriers...
Quelle belle soirée, vous auriez vu ça!
Ambiance musicale feutrée et de bon goût – Stéphane possède l'intégrale de Richard Clayderman. Les invités: que du VIP bien entendu. Nadine de Rothschild qui avait apporté les gobelets en plastique, Nana Mouskouri qui avait fait une moussaka géante, Albert de Monaco déguisé en Grand Schtroumpf... Il y avait aussi Michel Drucker avec Olga, son chien mort... J'en passe et des meilleurs, vous vous en doutez...
Que du beau linge je vous dis!
En ce qui concerne notre invité je suis particulièrement heureux de me retrouver à côté d'un homme à qui je peux rendre service...

En effet, monsieur Lamazou, sachez que, moi aussi, j'ai une très belle collection de photos de femmes et que je suis tout disposé à prêter cette collection pour qu'elle soit exposée à côté de la vôtre...
Moi en plus je n'ai pas eu besoin de sillonner les mers pour trouver mes modèles: moi, c'est de la locale, c'est du souvenir de vacances!

J'ai des pièces maîtresses comme Marlène, esthéticienne à Argelès, que j'ai photographiée pendant qu'elle se faisait le maillot en voiture…
J'ai aussi la photo de Cyndi en string fluo qui pose entre moi et Patrick Sébastien… Cyndi, c'est la patronne de la plus grosse boîte de la Grande-Motte. Capacité : trois mille personnes, neuf bars, cinq pistes, cinq ambiances et seulement deux toilettes, d'où le nom de la boîte : Le Mycose !
J'ai aussi des clichés introuvables. Des improbables, suis-je même tenté de dire… Des photos que je pourrais vendre des fortunes tellement le choc provoqué est énorme quand on les voit.
Tenez, au hasard…
J'ai Mazarine Pingeot qui sourit.
Mère Teresa déguisée en Paris Hilton.
Plus rare encore : Bernadette Chirac en train de payer quelque chose.
Et puis une photo vérité sur l'âge d'une de nos stars : j'ai Arielle Dombasle avec deux copines d'école qu'elle a retrouvées dans un hospice de Mexico.
Enfin, bref, j'en ai plein et pour tous les goûts : appelez-moi, je vous montrerai l'ensemble si ça vous intéresse…

Festival de Cannes

Invité : Paolo Coelho – 21 mai 2009.
Livre : *La Solitude du vainqueur.*

Public cannois mais néanmoins respectable, foule frémissante à la mine ensoleillée et couperosée, qui sent bon la lavande, le pastis et l'aïoli et qui, de façon rustre mais conviviale, va applaudir et hurler ton bonheur d'être avec nous sur la Croisette aujourd'hui, comme le ferait l'Olympique de Marseille si Bordeaux n'existait pas, bonjour !

Ahhhhhhh, enfin nous sommes à Cannes… On a failli pas arriver, vous savez : ça a été tendu cette histoire !
Allez je vous raconte…
Avec l'arrivée des beaux jours, comme chaque année, Stéphane m'a demandé de venir chez lui pour l'épiler… Oui, peu de gens le savent mais notre bien-aimé patron est poilu comme un phacochère : sec il pèse soixante-dix kilos. Mouillé, il en fait quatre-vingt-cinq…
Ah, ben, quand il est torse nu, on a l'impression qu'il porte un pull en mohair-angora !
Avant il laissait pousser. C'était l'époque où il passait tous ses étés chez Demis Roussos. Forcément, avec Demis à côté, c'était moins voyant. On avait juste l'impression de voir deux

orangs-outangs en slip de bain qui passaient des vacances en Grèce !

Enfin, bon, le poil ça tient chaud, alors dès que le thermomètre dépasse les 20 degrés il se débarrasse !

J'étais donc chez Stéphane avant-hier pour le débroussaillage pré-estival… J'en étais à une partie délicate de la manœuvre : sécateur à la main j'allais m'attaquer à ses poils d'oreilles quand, d'un seul coup, il m'arrête et me dit…

– Est-ce que tu crois que c'est vraiment une bonne idée d'aller à Cannes ?

– Mais bien sûr, maître Stéphane : et si vous ne le faites pas pour vous, faites-le pour eux ! Comme vous le dites souvent, maître : « Je ne puis facilement me soustraire à mes visites du peuple. Les pauvres gens sont tellement heureux de me voir… », et comme vous l'écrivez si justement en page 88 de votre livre intitulé *Moi, Stéphane. Une vie, une œuvre, un triomphe* : « Si ma réussite époustouflante et mon charisme à la limite de l'insolence permettent aux nécessiteux d'oublier l'espace d'un instant leur existence misérable… alors oui je me sens utile. »

– Oui, je sais bien que là où je passe la morosité fait place à la grâce ! Mais enfin dans cette région du Sud-Est, l'enlisement culturel est particulièrement extrême… J'ai peur que cette contrée peuplée d'esthéticiennes nymphomanes et de garagistes malhonnêtes ne comprenne pas grand-chose à mes propos châtiés !

– Si vous parlez doucement avec des mots simples, ça devrait aller !

– Oui, mais est-ce que nous serons bien reçus chez ces gens ? Non, parce que moi, visiter le cagol de la région PACA pourquoi pas, mais à condition de ne pas vivre dans les mêmes conditions…

– Ça devrait aller pour nous, ne vous inquiétez pas…

– Non mais, vous, je m'en fous ! C'est moi qui compte !

– Vous logerez au Majestic, maître, et comme en Angleterre vous avez carte blanche pour les notes de frais…

– Ahhhhh… Je vois le séjour d'un autre œil maintenant ! Bon, soyons un minimum humain… Pour vous, ça va aller ? J'ai appris

que Canal Plus avait dépensé des millions pour couvrir le festival… Et France Inter ça donne quoi ?
– Presque pareil ! Chez Canal ils sont tous logés au Martinez, nous, on dort au Gonzalez !
– Le Gonzalez ? C'est un nouvel hôtel sur la Croisette ?
– Non, c'est un nouveau camping près de l'autoroute !
– C'est pas loin du centre-ville, j'espère !
– Le propriétaire nous a dit que c'était à dix minutes.
– Dix minutes, ça va !
– Oui, mais il a juste oublié de préciser que c'était dix minutes à vol d'oiseau !
– Ça veut dire quoi, dix minutes à vol d'oiseau ?
– Avec les bouchons à l'entrée de Cannes, ça veut dire trois heures de route : en fait on dort à côté de Toulon.
– Et pour les repas vous faites comment ? Ah ! ne me dites pas qu'on va tous manger ensemble ! Je suis connu, moi ! En tant que célébrité, je ne peux pas me permettre de risquer d'être vu avec vous : vous n'êtes pas assez riches et bien trop laids…
– Pour les repas on a droit à un petit déjeuner complet !
– Pas mal…
– Oui, enfin un petit déj' à se partager avec toute l'équipe… Pour le déjeuner et le dîner les gens de Canal Plus nous ont invités.
– Canal Plus vous a invités à manger ?
– Non, à les regarder manger, mais c'est quand même sympa.
– Ah ! ça je le dis toujours : quand ceux qui ont tout montrent leur joie, c'est comme donner un peu de bonheur à ceux qui n'ont rien…
– Bon, c'est pas tout ça, maître Stéphane, mais faut qu'on finisse votre épilation !
– Ben, ça y est, c'est terminé.
– Ahhhh ! non maître, il manque la petite finition !
– Non ! Pas la petite finition !
– Si si si si si ! Vous savez très bien que pour éviter que ça pique à la repousse et pour obtenir une douceur optimale, je dois vous passer les fesses au papier de verre…
– Oooh, noonnnn ! Pas le papier de verre…

Et voilà : ça y est, nous sommes maintenant installés à Cannes !
Pour le petit déj on ne nous avait pas menti. Ce matin au Gonzalez j'ai eu un café et un croissant. Quand j'ai pris le croissant j'ai eu l'impression que pendant la nuit mes doigts avaient grossi, mais non : c'était simplement le croissant qui était minuscule…
Ça faisait juste, j'ai donc aussi mangé ma serviette en papier mais ça ne suffisait pas…
Comme aujourd'hui on a un programme chargé, quand on est arrivé au Majestic, je suis monté dans les étages et j'ai attaqué une piaule. C'était celle de deux vieux Américains que j'ai enfermés dans leur penderie. J'ai commandé un énorme petit déj au room-service et j'ai mangé comme une vache. Ça va mieux !
Ce soir, on nous a demandé de nous immerger dans le festival et d'aller à la rencontre de la population locale pour échanger avec l'autochtone !
Demain je vous ferai un petit compte-rendu de tout ça. On parlera de la séance d'essayage de tenues de Stéphane avant la montée des marches et je vous parlerai aussi des inquiétudes de sa fiancée, Mireille M., qui a peur que Stéphane fasse des bêtises, ici, à Cannes dans l'enfer du sexe et de l'alcool !

Rhaââ, Bernadette !

Invitée : Bernadette Chirac – 22 janvier 2009. Opération pièces jaunes.

Madame Chirac, il faut que je vous prévienne tout de suite… Je suis un garçon poli et respectueux, mais au risque de vous paraître un peu cavalier, je me dois de vous accueillir par un rituel que j'observe à chaque fois que nous recevons une dame de qualité, une femme de haut rang… Une tradition qui est à ma chronique ce qu'un temps fut la Corona au frigidaire de l'Élysée… Un incontournable. Un morceau de folklore du patrimoine culturel radiophonique français…

Rhaaââ, Bernadette !
Si vous saviez comme je suis content de vous rencontrer…
Ça me fait plaisir en ces temps difficiles et troublés que vous puissiez trouver un vrai réconfort en faisant la connaissance d'une personne exceptionnelle dont l'intelligence fulgurante est à l'image de son physique de rêve… moi !
Je me présente Daniel Morin : la perfection au masculin !
Madame Chirac, je sais qu'en ce moment vous vivez des heures délicates. Je sais que votre époux a été sauvagement agressé dans sa chair : Sumo l'a violemment mordu.

Alors, pour nos auditeurs qui ne savent pas qui est Sumo, je les rassure tout de suite : Sumo est un petit chien.
Pas de panique nationale, notre ancien Président n'a pas été mordu par un Japonais en slip de deux cent vingt kilos...
Apparemment, Sumo est un peu fragile en ce moment.
Nerveusement, il est à cran : il serait même sous antidépresseurs.
Il contrôle mal ses émotions, il a le coup de canine facile...

Malheureusement ce n'est pas un cas isolé, madame Chirac.
Hier juste avant l'émission j'ai été mordu, moi aussi... par Stéphane. Il m'a pratiquement bouffé le mollet, l'animal !
Il était allongé dans le couloir il refusait de se lever... Il n'avait pas pris ses cachets...
On est peu à le savoir mais, en ce moment, Stéphane est déprimé comme une cloche sans fromages !
Il se fait toujours du mouron pour son ami Albert de Monaco parti jouer les Cap'tain Igloo dans l'Antarctique !
La semaine dernière, j'avais déjà évoqué l'état de grande détresse et d'angoisse dans lequel se trouvait Stéphane. Ici, il a stressé tout le monde avec ses crises de larmes et ses hurlements à la mort, tout nu, sur le toit de la Maison de la radio...
Mais là, j'ai une grande et bonne nouvelle, Stéphane. J'ai lu ça hier soir avant de me coucher : « Ça y est, c'est fini la tournée chez les pingouins. Albert rentre à la maison ! »

Un vrai conte de fées

Invitée : Mireille Darc – 25 décembre 2008.
Livre : *La boîte à câlins.*

Ahhhhhh ! Mireille Darc : quelle joie de vous rencontrer, madame. Je ne vous avais vue que dans *Le Grand Blond avec une chaussure noire*, avec cette incroyable robe décolletée dans le dos, jusque-là où ça ne s'appelle plus le dos…

Je suis ravi de vous voir de face !

Vous êtes très belle.

Hummm… Pour une fois qu'on a une invitée à la hauteur de mon niveau de séduction…

Mais si vous êtes là en ce merveilleux jour béni qu'est Noël ce n'est pas pour qu'on évoque votre irrésistible charme… Vous êtes là pour parler d'un livre à destination des petits, un livre de contes très joliment appelé *La Boîte à câlins*.

C'est drôle… « Boîte à câlins », c'était mon surnom à l'époque où j'étais danseur de tango au Burundi… À cette période de ma vie, je ne roulais pas sur l'or et quelquefois j'arrondissais mes fins de mois en gratifiant de mes légendaires élans pelviens des rombières embourgeoisées que la solitude et le désir de connaître au moins une fois dans leur vie l'excellence orgasmique rendaient généreuses !

Bref, c'est le passé. Revenons au présent avec ce livre de contes… Eh bien si le vôtre est une excellente idée de cadeau pour enfants, laissez-moi vous parler d'un autre livre qui a le mérite de raconter des contes classiques mais dans une version un peu plus contemporaine !
Voyons ensemble un conte que tout le monde connaît : *Blanche-Neige* !

(Musique de Blanche-Neige*)*

Il était une fois une ouvrière fainéante qui travaillait dans une usine de jouets en peluche. Elle passait son temps à prendre de la cocaïne aux toilettes, et tout le monde l'appelait Blanche-Neige. Comme elle en foutait pas une, sa terrible chef du personnel ne l'aimait pas du tout.

(Musique classique)

– *(Voix gouailleuse)* Dis-moi, miroir à la con : c'est qui la plus feignasse de mes employées ?
– *(Voix de vieux)* C'est Blanche-Neige : elle glande que dalle et elle fait que se droguer.
– *(Voix gouailleuse)* J'en étais sûre ! Je vais mettre du GHB dans la machine à café et je vais l'abandonner dans la forêt !

(Musique de Blanche-Neige*)*

La pauvre Blanche-Neige était toute perdue dans la forêt… Heureusement pour elle, un groupe de sept hommes de petite taille passait par là et ils la recueillirent ! C'était sept travailleurs clandestins chinois.

(Musique de Sifflons en travaillant*)*

– Oh ! mon Dieu je vois des nains bridés. Je dois être encore complètement défoncée moi !
– *(Voix de Chinois)* Nonnnnn nous pas être nains, nous être travailleurs chinois clandestins. Nous quitter Pékin

après jeux Olympiques : plus travail ! Toi avoir boulot pour nous, femme à la peau très très blanche ?

– Vous m'avez prise pour qui les Chinois ? Y a pas marqué ANPE pour les *boat people* sur mon serre-tête !

– *(Voix de Chinois)* S'il vous plaît ! Nous travailler vite et pas cher !

– Attendez, je viens d'avoir une idée ! Vous savez faire de la contrefaçon ?

– *(Voix de Chinois)* Tu rigoles ou quoi : on est champions du monde !

– Vous pouvez me faire des copies de peluche pour enfants dont le coût de production à l'unité serait inférieur à 2,23 euros ?

– *(Voix de Chinois)* Avec les fournisseurs qu'on a on te fait la peluche pour 1,05 euro !

– Oh ! par le Saint-Slip de Christophe Maé, c'est génial !

– *(Voix de Chinois)* Attention : on garantit pas les normes de sécurité pour les enfants !

– Si vous croyez que j'en ai quelque chose à talquer des gosses !

– *(Voix de Chinois)* Vive l'économie de marché !

(Musique de Blanche-Neige*)*

Et c'est ainsi qu'en deux mois à peine et juste avant Noël, Blanche-Neige inonda le marché de la peluche avec ses contrefaçons, provoqua la faillite de son ancienne entreprise et poussa son ancienne chef du personnel au chômage…

Blanche-Neige avait pris pour amant le responsable « Contrôle qualité des jouets en peluche » de la région pour qu'il ne signale pas que les yeux des nounours se détachaient et pouvaient être facilement avalés par un enfant et sûrement l'étouffer, vu leur taille.

Elle vécut heureuse et riche : tellement riche qu'elle n'eut aucun problème pour se payer les services d'un tueur serbe pour faire exécuter son ex-chef du personnel !

Depuis ce jour, elle vécut heureuse et eut beaucoup d'enfants avec Chang-Lee, le chef des travailleurs chinois clandestins…

Moralité, les enfants ?
Contrairement à ce qu'on vous dit tout le temps, si un jour quelqu'un vous déteste, ne pardonnez jamais. Vengez-vous, ça soulage !

La prochaine fois, nous vous raconterons l'histoire de Cendrillon, la petite femme de ménage hongroise nymphomane qui piqua le fiancé de ses trois belles-sœurs !
Pour vous mettre l'eau à la bouche, un petit extrait :

– *(Voix de Hongroise)* Salut beau prince !
– Salut beauté.
– *(Voix de Hongroise)* Moi être Cendrillon, belle-sœur de fiancée à toi ! Je suis petite coquine très très sale.
– Vraiment très sale ?
– *(Voix de Hongroise)* Une vraie souillon ! Et toi, quoi être ton nom, beau prince ?
– Je suis le prince de Strauss-Khan.

Joyeux Noël et à demain !

Générosité

Invité : Pierre Arditi – 28 février 2008.
Théâtre : *Batailles*.

Je n'avais pas eu le temps d'en parler hier mais c'est trop grave pour ne pas être dit : notre Président ne partage pas que le prénom du grand démocrate trop vite disparu Nicolae Ceauşescu. Il en a aussi les habitudes de consommation…
Là où il va, il se sert.
Tout le monde se souvient du stylo qu'il a chouré en Roumanie suite à la signature de documents avec son homologue Băsescu..
Eh ! bien, cette semaine, il a remis ça en France dans l'usine Vuitton qu'il visitait avant-hier…
Bon, vous allez me dire : « Ouais c'est faux, Morin, salaud, il l'a pas piqué on lui a donné ! »
Non mais c'est sûr… C'est comme le stylo, il l'a pas chouravé en douce, il a juste regardé le Président roumain en lui montrant le stylo et en lui faisant comprendre qu'il le trouvait beau. Bien entendu le gars lui a fait signe de le garder…
Vous voulez qu'il fasse quoi Băsescu ? Qu'il lui dise devant tout le monde : « Hop hop hop ! Tu vas où, Passe-Partout ? Tu crois que je te vois pas venir avec tes yeux de caniche alsacien devant un bretzel ?…Tu laisses le stylo sur la table ! Sécurité, fouillez-le, je le sens pas ce mec… »

Ben, non, il peut pas.
Diplomatiquement, ça peut jeter un froid.
Ben, c'est pareil à l'usine Vuitton. Sarkozy tient un sac à la main et d'un seul coup il balance: «Ah ben ça, ça va faire plaisir à Carla. Ce matin elle m'avait dit: "Tu me rapporteras un petit quelque chose..." Ah ça, elle va être contente!»
Vous imaginez la nana de chez Vuitton?
«Ho, mais y fait quoi, lui! Tu te crois à la foire-fouille, rase moquette? Ahhh, ben c'est sûr qu'avec tes méthodes le pouvoir d'achat il va reprendre des couleurs! Tu veux ma chemise aussi pour te faire une robe de chambre?»
Là encore, ce serait mal vu.

Maintenant, c'est sûr, toutes les boutiques vont flipper quand elles vont le voir débarquer.
Imaginez le concessionnaire Ferrari qui a pas été prévenu à temps pour fermer sa boutique avant l'arrivée de Nicolaï...
– C'est une belle voiture, monsieur le Président...
– Ah ça oui alors. C'est Carla qui va être contente, elle adore le rouge... C'est très gentil de votre part en tout cas. Croyez-moi, la République n'oubliera pas votre geste généreux... Vous en auriez une aussi pour mon fils? C'est pas que je veux abuser mais, dans sa banlieue à Neuilly, il arrête pas de se faire piquer son scooter!
Petit conseil: si vous êtes commerçant dans le secteur du luxe, faites installer des stores qui se baissent très vite, on ne sait jamais...

J'espère qu'il va pas remettre ça pendant son déplacement au Tchad.
Imaginez, à l'occasion d'une visite dans une école...
«Qu'est-ce qu'il est mignon, cet enfant! Merci beaucoup c'est très gentil... Johnny sera très touché par votre geste. J'en prends un deuxième, pendant que j'y suis: à Pâques, avec Carla on va rendre visite à Brad Pitt et Angelina Jolie. Je voudrais pas arriver les mains vides...»

Et ce n'est peut-être que le début!

Vie de couple

Invité : Roger Hanin – 30 octobre 2008.
Livre : *Quelle vie!*

Hier soir j'étais tranquille chez moi occupé à regarder pousser ma moquette, quand, sans crier gare, ma compagne m'a forcé à regarder Jean-Luc Delarue sur France 2. Le thème était : « Vie de couple, comment surmonter les sept étapes. »
Sept étapes qui sont : la rencontre, l'engagement, le train-train du quotidien, la crise de la quarantaine, la tentation de tromper, le départ des enfants et le deuxième souffle du couple… Elle a justifié son choix de programme en me disant : « Si tu veux que notre couple ait une chance, regarde avec moi ! »
J'étais pris en otage par cette femme naïve qui croyait qu'il nous restait encore une chance d'être heureux…
Quand a été évoquée la phase de rencontre dans le couple, j'ai jeté un œil dans sa direction pour voir si elle allait réagir en me sautant au cou pour me remercier de l'avoir sauvée de sa vie médiocre en lui proposant de partager la mienne…
Rien. Pas un geste. Pas un signe. Pas même un : « Merci encore mon amour de m'avoir un jour regardée sans me juger et de m'avoir laissé ma chance avec toi ! »
Quand le thème de l'engagement a été abordé, elle a fondu en larmes en balbutiant : « Quand je pense qu'avec toi mon

engagement se résume à servir des bières et des pizzas et faire le ménage…»
Ce à quoi j'ai répondu: «Oui, ben tu peux me remercier! Je t'évite beaucoup de déconvenues en ne te demandant de faire que ce que tu sais vraiment faire…»
Bizarrement, ça ne l'a pas calmée pour autant!
Quand est arrivé le chapitre du train-train et de la monotonie dans le couple, elle a sursauté et m'a dit: «Ahhh! écoute, ça nous concerne!» Une certaine Stéphanie a témoigné, en pleurs. Elle se disait déçue par la tournure que prenait sa vie de couple après cinq ans… Pendant le reportage, on voyait Stéphanie lire un bouquin sur un bout de canapé pendant qu'à l'autre bout Geoffrey matait la télé… Tout ça, bien sûr, sans échanger ni un mot ni un regard…
Là, j'ai eu droit à: «Tu vois ces deux cons-là! Eh ben c'est nous… Elle a raison Stéphanie d'être déçue!»
Puis dans la suite du reportage on a vu Geoffrey seul qui répondait à la journaliste qui lui demandait son avis. Il a répondu: «Ça fait cinq ans qu'on est ensemble. C'est le train-train. C'est normal qu'on se parle presque plus…»
«Ahhh tu vois! Il l'a très bien dit Geoffrey: c'est normal!»
Comme le thème suivant était la crise de la quarantaine et que j'ai à peine vingt-deux ans, je ne me sentais pas concerné. J'en ai profité pour boire un verre en demandant à ma compagne d'aller me chercher une bière…
Quand on en est arrivé au chapitre de la tentation de tromper, la situation s'est tendue. J'ai senti comme un regard inquisiteur se poser sur moi. J'ai donc réagi avec honnêteté et diplomatie…
«Ma chérie, je sais que ce sujet t'inquiète, c'est pourquoi je tiens à te rassurer tout de suite: les rares fois où j'ai dérapé physiquement avec d'autres, j'ai toujours pensé à toi en leur faisant l'amour… Sauf quand je l'ai fait avec ta sœur: c'était pas la peine, vous vous ressemblez tellement!»

Suite à ce grand moment de sincérité elle est partie s'enfermer dans la chambre…

Pygmalion

INVITÉE : BARBARA SCHULZ – 8 FÉVRIER 2006.
Théâtre : *Pygmalion*.

Pygmalion !
En français « Malion le cochon ». Une pièce de George Bernard Shaw dans laquelle vous êtes la star, Barbara Schulz !
L'histoire : Élisa petite marchande de fleurs qui parle mal – un peu comme une version femelle de Philippe Candeloro – se retrouve prise en main par un linguiste qui se fait fort de la transformer en dame de la haute !
Une très belle histoire et fort contemporaine, ma foi. Notre société fourmille de petites Élisa…
Tenez, un exemple !
Alexandra Rosenfeld, Miss France 2006…
Avant d'être « pygmalionétisée » par Geneviève de Fontenay (nom de code « Chapi Chapo »), eh bien, elle n'était qu'une petite future apprentie shampouineuse avec comme plan de carrière le mariage avec un représentant en « Démêlant 2 en 1 » de chez Jean-Louis David avec qui elle aurait eu quatre enfants limités intellectuellement et qui, pour se consoler, aurait vécu une aventure aussi physique que torride avec un maître nageur argentin né à Limoges qui au bout de quarante-huit heures lui aurait laissé comme souvenirs le vague à l'âme, les bleus au cœur, les

griffures aux fesses et autres petites attentions latines que, du côté de Buenos Aires, on appelle « Morpionès » !
Eh bien suite à la prise en main de Chapi Chapo, elle a échappé à sa condition qui semblait toute tracée !
Elle est devenue cette femme superbe à l'avenir radieux qui peut largement espérer une noce avec un cadre de chez Saint Algue avec qui elle aura sûrement des enfants qui iront facilement à l'école jusqu'en troisième ! Et je peux vous dire que, quand elle aura son petit passage adultérin, ce sera avec le haut du panier, avec au moins un producteur télé qui, au bout de trois heures de passion aussi brutale que discrète sur la photocopieuse, lui laissera comme souvenir les numéros de téléphone de ses meilleurs potes qui, comme lui, seront prêts à lui accorder toute leur attention !
Ça y est, elle a réussi, Alexandra Rosenfeld : c'est une petite Élisa des temps modernes !
Avant elle regardait les stars à la télé en suçant des glaces. Aujourd'hui elle peut se regarder dans la glace… et voilà !

Remarquez, quelquefois on croit tenir un début d'histoire à la *Pygmalion* mais la belle histoire a du mal à finir… En couverture du dernier *Voici*, par exemple… On y voit Chimène Badi. Pour elle, tout va bien sauf l'amour : la légende dit « Chimène Badi si seule », en même temps, c'est si normal !
Non, mais c'est juste une question de temps, je suis sûr… Il suffit juste de trouver le gars qui acceptera de sortir avec une fille qui a la tête d'un Bernard Tapie coiffé à la Jean-Michel Jarre !
Bref, tout ça pour dire que c'est une pièce merveilleuse qui laisse plein d'espoir !
Le seul truc qui cloche un peu, Barbara, dans l'histoire, c'est vous !
Non, vous êtes une actrice formidable, ça fait aucun doute. Je suis sûr que je vais trouver vos films géniaux quand je les verrai !
Non, le truc c'est votre tête !
On vous voit tout de suite au top, Barbara !

Vous êtes jolie, vous êtes touchante, vous êtes lumineuse, vous êtes «pfouttt». Vous avez l'air tellement gentille en plus!
À côté de vous l'Abbé Pierre passerait pour un crotale gluant et pervers! Vous avez l'air tellement douce...
À côté de vous, le papier cabinet triple épaisseur ouaté et lotionné passerait pour un rouleau de papier de verre à gros grains! Mais attention, Barbara: quand j'évoque ici votre côté pur et quasi angélique, je n'en exclus pas pour autant votre côté femme au sang chaud et aux émotions voraces!
Je suis sûr qu'il vous arrive certains jours, tout comme la femelle phacochère des hautes plaines du Mozambique le croupion chauffé à blanc par les moucherons et le soleil assassin, de vous rouler par terre en hurlant à votre compagnon: «Vas-y, fumier, apprends-moi le vice et les mauvaises manières! Je suis une vilaine qui a mérité la fessée! Fais-moi basculer dans l'inavouable! Allez, Fangio, monte dans les tours à t'en exploser la courroie d'alimentation et me faire fumer le radiateur! Je veux me sentir sale et humiliée!»
Bref, vous êtes parfaite, Barbara!

Et que vous parliez mal ou avec bonne diction
Vous pourriez mettre à terre n'importe quel Pygmalion
Vous avez de la classe du charme et de l'esprit
Vous pourriez intégrer la Star Academy *!*
Non, pardon, je m'emporte, vous n'êtes pas au niveau
Vous n'êtes pas assez lisse pour rentrer au château
Barbara vous êtes belle, ça en devient odieux
Et dans moins de dix s'condes, je vous f'rai mes adieux
Pygmalion à deux jours des olympiades d'hiver
Voilà une promotion qui vous va du tonnerre
«Sur les planches ce soir il y a Barbara Schulz
Je n'veux pas rater ça alors j'y fonce tout schuss!»
Vous inspirez le rêve la grâce la volupté
Un peu comme une Régine, en moins décomposée
Vous jouez du Bernard Shaw au Théâtre Comédia
Nul doute que pour ce show la foule se déplac'ra

Le Grenelle de la pornographie

Invitée : Judith Magre – 23 janvier 2006.
Théâtre : *Histoires d'hommes.*

Rhaaaaaaaaââ, Judith, nom de Dieu Judith rhhhhhhhhhhhhh... Judith vous me rendez dingue.
Savoir que j'allais vous rencontrer pour une pièce qui s'appelle *Une liaison pornographique* m'a fait perdre mes moyens.
Ce matin au réveil, j'ai frappé sur mon torse comme le font les grands gorilles seine-et-marnais, j'ai fait l'amour vingt-sept fois, puis ma femme s'est réveillée et m'a fait un café...
J'ai pris le bus, giflé le chauffeur qui n'allait pas assez vite à mon goût pour le conduire moi-même à la Maison de la radio et me voilà : ivre de bonheur à vos côtés, Judith...

Rhaaaââ, Judith quand votre œil de biche croise mon regard de puma j'ai la colonne vertébrale qui danse le mambooooooooo...
Ahhh ! grand dieu la pornographie : quel bonheur de la voir enfin à l'honneur !
C'est le combat de toute ma vie, vous savez... Redonner ses lettres de noblesse à la fesse moribonde, c'est ma mission sur cette terre trop prude...

Ce serait tellement humain de mettre un peu de pornographie un peu partout : ça donnerait un peu de vie et de vérité !

Prenez *Love Story* ! Film d'amour magnifique mais qui manque cruellement de rapports chaleureux et charnels... Un peu de chaleur n'aurait pas nui au film, j'en suis sûr...

(Musique de Love Story*)*

– Ça va Jennifer, mon amour ?
– *(Touss touss !)* Je me sens un peu faible ce matin, Oliver !
– Ahh ben c'est con : c'est que j'ai envie, moi !
– *(Touss touss !)* Moi aussi, j'ai envie, Oliver mais je me sens très malade tu sais...
– Arrête un peu de t'écouter et ne sois pas égoïste ! Allez, à poil, Jennifer !
– *(Touss touss !)* Mais Oliver je suis en train de mourir !
– Raison de plus pour se dépêcher !

Là au moins on est dans le vrai : on triche pas et ça n'enlève rien aux sentiments...
C'est la même chose pour les films d'auteurs style Bergman... Des films lents qui mettent à l'image des personnages pas très vifs auraient tort de se priver d'un peu de sensualité.

(Musique d'un film suédois, style Bergman)

– Qu'est-ce que tu fais toute nue, Grount ?
– Je me sens chaude comme une gaufre, Ingmar ! J'ai envie de toi comme le rocher veut la vague !
– Ah.
– Et toi tu me veux Ingmar ?
– Oui : très fort ! Je veux que tu sois sale avec moi, Grount ! Je veux que tu sois ma paillasse immonde !
– Chic alors !
– Oh oui c'est bon !
– Ahhhh ! J'ai fini !
– Ingmar tu es beau comme un buffet Ikéa !
– Chienne !

Tout deviendrait plus proche de nous avec un peu de pornographie… J'espère bien que votre pièce va accélérer le mouvement.
Quand je pense qu'on a loupé le coche en 68 avec le premier Grenelle… De Gaulle l'avait pourtant promis, mais ça n'a jamais abouti. Le Grenelle de la pornographie… Je me souviens du discours émouvant du Général à ce sujet…
« Françaises Français…
Je vous promets qu'en plus des accords relatifs au travail, un chantier d'envergure national va voir le jour. Je m'engage à ce que tous les ados aient le droit de jouer avec leur manche à chouquette si ça leur chante. Et j'invite l'ensemble de la population à pratiquer la pornographie à haute dose !
Et comme le sexe, c'est la guerre, je demanderai à tous les couples qui s'apprêtent à commettre l'acte de commencer par une lecture de la lettre de Guy Môquet.
Vive la République
Vive la France
Vive le Grenelle du croupion ! »

Enfin bref, c'est pas tout ça, le temps passe et presse. Comme je vous l'ai dit, Judith, vous me plaisez plus que de raison. Et comme je vois que la joie vous submerge, Judith, on va se tutoyer…
Oui tu me plais, Judith, et pour te le prouver j'ai revu et corrigé un grand classique de la littérature érotique rien que pour toi…

(Musique de Tu verras *de Nougaro)*

Ah, tu verras, tu verras
J'ai réécrit pour toi tout le Kama Sutra
Quelquefois c'est cracra mais c'est bien mieux comme ça
Mille et une positions, c'est ma proposition
Judith on voyage'ra sur la toile de nos draps
Pour nourrir tes fantasmes, je serai qui tu veux
Je serai Émile Louis, je s'rai Brice Hortefeux
Si tu préfères le gras, j'f'rai Massimo Gargia

Et pour moi Judith tu te transformeras
En divine Aphrodite puis en mère Teresa
Mais j'aim'rais que tu évites de faire Chantal Goya
Je crois qu'elle porte une sonde…

Ah, tu verras, tu verras
On va suer comme des vaches, on va perdre du poids
Si mes cheveux tu arraches, je ne t'en voudrai pas
Je chant'rai en Breton, ce s'ra ta punition
Attention au départ direction nirvana
On sera épuisés mais on sera heureux
Je n'vais pas te mentir, tu auras sûrement des bleus
Si on ne s'échauffe pas, je te casse'rai un bras
Mais tu s'ras épanouie, tu verras, tu verras
Mon livre si j'l'avais pré-té au p'tit Nicolas
Jamais elle s'rait partie la belle Cécilia
À l'autre bout du monde
Viens Judith viens avec moi !

Allegro

Invitée : Julia Migenes – 19 avril 2006.
Livre : *Mémoires d'un oiseau rebelle.*

Madame Migenes, bonjour !
Je me présente : Daniel Morin, défenseur des grosses chanteuses classiques !
Depuis *Carmen*, vous dénoncez le systématisme des cantatrices en chair et ça commence à bien faire ! On en fait quoi de nos chanteuses classiques comme Magali ou Chimène Badi ?
En plus, faut pas contrarier les vocations, madame Migenes !
Regardez Amel Bent : en ce moment dans son entourage, on envisage de se mettre au classique... Selon un magazine people, son fiancé serait même à deux doigts de goûter au violon !
C'est quoi, cette révolution que vous voulez imposer ? Une cantatrice est une grosse femme, un point c'est tout !
C'est quand même pas avec votre mètre cinquante-cinq et vos quarante-sept kilos dont dix de cheveux que vous allez révolutionner le royaume du décibel !
Là où je vous donne raison, madame Migenes, c'est que, c'est vrai, c'est pas forcément les plus grosses qui crient le plus fort !
J'ai chez moi la vidéo pirate de la nuit de noces de Mimie Mathy, eh ben je peux vous dire que ça monte haut...

Mimie Mathy, c'est du lourd quand elle balance du son ! À côté, l'orgasme de Maïté c'est le pet de la mouche ! En comparaison Jessye Norman c'est Carla Bruni !
Carla Bruni la seule chanteuse française qui pourrait vendre ses disques en braille !... À l'oreille, ça donne rien : au bout des doigts, ça peut prendre forme.

En parlant de chanteuses aphones la semaine dernière on a reçu Jane Birkin... Jane Birkin et, aujourd'hui, vous ! Ça m'a fait deux albums à écouter dans la semaine.
Pour faire un parallèle, ce serait comme de passer du cinéma muet au Dolby surround ! Du *Monde du silence* à *Star Wars*... ou du lit de sœur Emmanuelle à celui de Brigitte Lahaie !
Enfin, maintenant qu'on a mis les choses au point : permettez-moi de vous dire qu'au niveau flamboyance vous mettez une claque à tout le monde, madame Migenes !
Ça doit donner, quand « l'inégalable Carmen » se dispute ! J'imagine les scènes de ménage avec monsieur !

(*Piano* Carmen)

Julia
Chéri s'il te plaît la poubelle
Va la descendre, elle va déborder
Pendant qu't'y s'ra sort le teckel
Ça fait vingt heures qu'il a envie d'pisser

Mari
Écoute, Julia, laisse-moi pépère
Tu vois bien que j'ai le match à r'garder
Mets les ordures au frigidaire
Et par la f'nêtre fais le chien uriner
Fais uriner !

Julia
Ma vie de couple est une misère
Elle n'a jamais, jamais connu que toi ;
Si tu ne m'aimes plus, vieux pervers

Fais ta valise et casse-toi de chez moi
Casse-toi d'chez moi

Mari
Avec plaisir je mets les voiles
Tu m'asphyxies, j'veux plus vivre avec toi
Le soir quand tu te mets à poil
J'ai l'impression de voir mère Teresa
Plus jamais ça !

Julia
Tu es laid, tu es gros, tu m'horripiles
Tu as mauvaise haleine, tu sens sous les bras
Maintenant tu te casses, oui, tu files
Claque la porte et n'te retourne pas
Te r'tourne pas !

Mari
Enfin la liberté m'appelle,
Je cours, je vole, je saute dans ses bras
Je m'en vais vivre avec une muette
Et les oreilles elle me les caaaaaaaaaaaasr'a pas !

Ah, ça doit être du sport !
Oh, et puis y a pas à dire, vous êtes des femmes superattirantes…
Tenez, je me souviens : y a de ça un moment déjà mais j'étais fou amoureux d'une chanteuse d'opéra qui ne vivait que par le répertoire classique !
Eh bien ! j'ai dû adapter ma déclaration pour la séduire…
Je l'avais emmenée dîner à l'Opéra Garnier, on avait pique-niqué sur les marches au milieu des pigeons et des Japonais. Et là, au moment du dessert – un Flamby – j'ai tout donné !

Bouge pas la Castafiore
Ici on m'appelle le ténor
Je vais te le faire onduler ton vibrato
Je sais que t'as le côté cour poussiéreux
et le côté jardin en friche

Pas de soucis ma brebis
Je serai ton Karcher du vice et ton motoculteur
de la passion
Avec moi pas de symphonie inachevée : c'est la mélodie
du bonheur qui prend d'un seul coup des allures
de chevauchée fantastique !
Tu seras ma partition libidineuse
On va commencer la séance allegro : puis je mettrai
en marche le petit crescendo pour arriver à un fortissimo
de tous les diables qui te fera pousser des vocalises
inconnues à t'en faire inventer des octaves inédites !
Tu vas tellement beugler que tu risques d'en perdre
tes cheveux : mais c'est pas grave tu seras ma cantatrice
chauve comme disait le célèbre écrivain musicien
et rappeur Eugène Yo-Yo Nesko !
Quand j'en aurai fini avec toi la Traviata, deux hypothèses
sont à envisager !
La première, tu te réveilles pas, c'est la mort du cygne
La seconde, tu vois la vie en rose et c'est alors pour toi
le sacre du printemps !
J'te sens d'humeur onctueuse ce soir : voire crémeuse...
Allez vas-y, lâche-toi, la Callas fais-moi « l'opérette et le pot
au lait » !
Tu seras pas déçue la mouette je peux jouer par cœur
et les yeux fermés la gamme des plaisirs interdits
et bestiaux sur ton corps de diva en sueur !
De cette gamme je suis le maestro : d'ailleurs aux States,
on m'appelle Game Boy !

On a vécu une superaventure ensemble : on a fait l'amour pendant des heures en écoutant dans mon Walkman le best of de Florent Pagny !
On a fini les Flamby et puis elle est partie...

Vous, Julia, je vous aurai connue moins longtemps, mais c'était bien aussi !

Éloge de la feignasse

INVITÉE : MARIA PACÔME – 3 OCTOBRE 2007.
Livre : *Maria sans Pacôme.*

Peu de gens le savent, Maria, mais ça fait longtemps que j'ai très très envie de vous... connaître mieux !
Sa toison rouge comme le feu.
Ses yeux bleus comme la glace.
Son timbre de voix à mi-chemin entre celui de Jean-Pierre Coffe et celui de Michou... Ahhh : Maria Pacôme !
Et pourquoi est-ce que je l'aime, Maria ?
Mais tout simplement parce que c'est une femme, Pacôme... Pas comme... les autres.
Là vous vous dites, Maria : c'est nul « Pacôme les autres ». Sa blague est naze !
À ça je répondrai : vous avez raison Maria. Et j'irai même plus loin. Je vais appliquer, en cette période de vacances de Pâques, le conseil que donnait Marie à son fils Jésus quand ce dernier faisait une blague pourrie !
Elle lui disait en le prenant dans ses bras : « Jésus c'est naze, arrête ! »...
Bon. À partir de maintenant, je stoppe avec vous le jeu de mots crétin.

Maria, vous avez à peine quelques fois vingt ans et vous cultivez depuis toujours l'art de la fainéantise à tel point que vous avez fini par faire au théâtre l'éloge de votre paresse !
C'est marrant mais, dans votre art de la glande, je trouve qu'il y a du Miss France !
Comme les Miss, votre activité principale c'est glandouiller, un verre de champagne à la main.
Comme les Miss vous êtes entourée d'animaux.
Par contre, vous aimez vous retirer quand vous voulez pour aller vous allonger... Les Miss, elles, question retrait en position allongée, c'est pas elles qui décident !
On peut quand même se demander si c'est pas dommage que vous soyez si paresseuse. Vous êtes peut-être passée à côté de rôles magnifiques et d'émissions de grand intérêt !
Si, comme Loana, en prenant un peu sur vous (c'est une façon de parler) vous aviez fait un coup comme celui de la piscine avec Jean-Édouard, eh bien vous seriez peut-être comme elle aujourd'hui dans *Je suis une célébrité, sortez-moi de là.*
En même temps, pour Loana et Jean-Édouard, c'était pratiquement écrit d'avance...
On comprend aisément que la présence d'une piscine puisse être un élément troublant pour une fille qui se trimbale une réputation de morue et un garçon qui a le regard d'un mérou. En plus, lui, le son du clapotis de l'eau ça le rassure : ça lui rappelle le bruit que ça fait quand il bouge la tête !
Bon, tant pis, ce sera pour plus tard peut-être !

Quoi qu'il en soit, vous êtes feignante peut-être mais pas trouillarde !
J'en veux pour preuve votre attitude exemplaire sur le tournage de la série de l'été de France 2 qui eut lieu sur l'île de la Réunion en pleine crise du chikungunya !
Vous avez décidé de continuer le tournage alors que d'autres avaient la trouille et prenaient la tangente... Style Véronique Jeannot et Corinne Touzet avec qui vous partagez l'affiche !

Selon un des producteurs, ce n'est rien: «Corinne va revenir et Véronique avait fini son programme!»
Mmouaiss...
Mise à part Touzet qui va peut-être faire son come-back, moi je le dis haut et fort: Jeannot vous pose un lapin!

Mais revenons à votre pièce Maria!
Elle commence par un refus, celui de jouer du La Fontaine!
Vous dites même que ça vous a toujours fait chier, La Fontaine!
Et c'est là que j'ai compris qu'en fait vous faisiez un magnifique clin d'œil au formidable poète français! Oui Maria: il y a tout votre parcours et même la genèse de votre pièce dans une de ses fables... Celle intitulée *La Pacôme n'est pas fourmi.* J'ai réussi à la trouver je m'en vais maintenant la lire.

La Pacôme ayant picolé tout l'été
Se trouva sans plus une goutte,
Trois semaines à peine après fin août
Plus une larme de Cointreau,
Pas une once de Ricard, encore moins de Pernod
Elle alla crier « du gin ! »
Chez Régine sa voisine
La priant de lui prêter du champagne ou d'la bière,
Pour passer l'automne et l'hiver
« Allez, fais pas ta pute ! insista-t-elle,
Si tu m'dépannes, j'te présenterai Cabrel ! »
Mais la Régine est une bosseuse,
Pas une feignasse, juste une buveuse
« T'avais qu'à faire comme moi »,
Lui répliqua Régine en remontant ses bas !
« Ouvrir des discothèques, chanter La Grande Zoa »
La Pacôme enchaîna :
« Mais ça va pas la tête !
Le travail j'aime pas ça »
« T'es bête ! Tu t'f'rais plein de mecs,
Plein de fric, moi j'adore ça »

Dit la Régine froid'ment en regardant Maria.
« Que faisais-tu aux temps chauds, honteuse petite Pacôme ? »
Demanda cyniquement Régine la brouteuse d'hommes
« Aux temps chauds, et même après, aussi avant,
Je glandais ne t'en déplaise ! »
« Tu glandais ? J'en suis fort aise,
Eh bien fais-en une pièce maintenant ! »

Aujourd'hui, chère Maria, on célèbre le 62e anniversaire du droit de vote accordé aux femmes en France. Eh bien aujourd'hui, que ça vous plaise ou non, je vote pour que vous jouiez plus et tourniez plus souvent !

Viens m'embrasser

Invitée : Juliette Gréco – 22 avril 2009.
CD : *Je me souviens de tout.*

C'est la cata !
Apparemment c'est sûr, Brad Pitt et Angelina Jolie, c'est presque fini !
Le couple le plus glamour du show-biz est au plus mal ! Il paraît même que Brad a été demandé des conseils à son ex : la belle Jennifer Aniston !
Ça a dû lui plaire, à Angelina…
En général, les visites chez une ex en période de crise, c'est le drame. Moi, même en période de non-crise, quand je vois une ex c'est le drame dans mon couple. Tout ça parce que dans un souci d'économie de taxi je couche sur place !
Non mais, à Hollywood, il paraît que tout le monde est bouleversé de voir ce couple qui semblait si uni, qui redonnait foi en l'union et servait d'exemple de famille nombreuse et épanouie, se disloquer aujourd'hui…
Il va falloir trouver d'autres modèles chez les people !
Il faut immédiatement qu'un autre couple du show-biz prenne le relais !

Allez, Stéphane, vous vous y collez avec votre fiancée Mireille Mathieu !
Vous êtes superconnus à l'international tous les deux ! Mireille au Japon et à Avignon. Vous en Grèce, à Monaco et au Cambodge !
Pour la famille nombreuse, il va falloir s'y mettre, patron.
Je sais bien que Mireille est encore pleine de vie à quatre-vingt-onze ans, mais quand même ça va peut-être prendre du temps… Voire l'aide d'un médecin ou d'un prêtre.
En attendant, vous pouvez toujours adopter, comme Brad et Angelina ! Histoire de faire encore plus show-biz, vous adoptez Steevy, Lorie et Magloire !
Vous seriez dans tous les magazines, vous poseriez dans *Voici* avec vos chiens, vos chevaux et vos chèvres, maître Stéphane ! Mireille présenterait dans *Gala* sa collection de perruque, puis tous les deux avec Lorie, tout nus dans la piscine, pour *Paris-Match* !
Si vous rajoutez Magloire et Steevy dans la piscine, vous faites aussi la couv' de *30 millions d'amis* !
Vous pourriez même – ça serait si chic – enregistrer un disque tous les deux ! Une reprise de Julio *Viens m'embrasser*…
Je vois le clip d'ici : Mireille perdue et en pleurs dans les ruines de l'Acropole. Elle vient de vous quitter car elle croit que vous l'avez trompée avec Line Renaud à l'inauguration de la Foire au jambon… Et vous, vous arrivez sur un cheval blanc, habillé en garde suisse, en lui chantant *Viens m'embrasser*…
Génial !
Bon, je vous oblige à rien, Stéphane, mais réfléchissez, ça se tente et surtout ça ferait plaisir à tellement de monde et ça… Ça n'a pas de prix.

Bon. Intéressons-nous maintenant à notre invitée…
Ahhhhhhhh ! Juliette Gréco !
Quelle joie de vous avoir ici à mes côtés ! Une joie mélangée d'un peu de jalousie… J'aurais tant aimé être des vôtres quand vous faisiez les beaux jours de Saint-Germain-des-Prés ! J'aurais été sublime !

Je me vois déjà parcourant la nuit au cœur de Paris, allant d'aventures sentimentales en aventures purement bestiales, allant de cave en cave écouter du jazz... Écouter et sûrement jouer : je suis doué pour tout !
Oh ! oui j'aurais été un jazzman hors pair... Torse nu, pour ne pas déchirer mes chemises en laine de loutre, sous la puissance de mes inspirations, j'aurais joué de la trompette et du saxophone : les deux à la fois, et ce, grâce à l'extrême dextérité de mes lèvres à qui je peux faire faire des miracles et demander n'importe quoi. Nombreux sont ceux qui peuvent en témoigner !
Une fois mes lèvres engourdies j'aurais fait danser tout Paris jusqu'au petit matin puis, après une courte nuit, je vous aurais écrit des chansons, chère Juliette, et ma plus belle récompense aurait été de vous les entendre chanter !

Mais stoppons là les compliments, Juliette. Je ne sais même pas si vous êtes disponible ou si vous avez un boy-friend !
Pour terminer, j'aimerais revenir sur les récentes dispositions prises par notre Président bien-aimé pour lutter contre les débordements lors de manifestations !
Bien entendu ces dispositions à caractère musclé ont été détaillées aux forces de l'ordre par la ministre de l'Intérieur qui pour l'occasion avait mis son uniforme en latex et ses cuissardes...
Ça s'est passé hier soir. Michèle Alliot-Marie a réuni tous ses CRS et leur a expliqué quoi faire en cas de manif, sur un air que vous connaissez bien ; chère Juliette.

(Musique de Déshabillez-moi *de Juliette Gréco)*

Attention les gars : j'le répéterai pas
Je vous préviens tout d'suite, j'veux qu'ça frite
Vous devez repérer, interpeller, et matraquer
Bouclez-moi tout ça, foncez dans le tas
Jamais on ne recule, on bouscule
Sans s'presser
Ne soyez pas avare

Daniel **MORIN**

Au cours de la manif
Sachez être agressifs et barbares
Tous les casseurs je veux
Les voir en garde à vue
Attachés et tout nus, deux par deux
Ne mollissez pas, cassez du tibia
J'veux plus voir de cagoule, dans la foule
Contrôle d'identité, fouille appuyée, pour humilier
Stoppez-moi tout ça, mettez-les au pas
Jamais de fioritures
Soyez durs, punissez !
Maintenant les gars, tout l'monde face à moi
Debout et déshabillez-vous !

Votre instant beauté

Invitée : Léa Drucker – 8 novembre 2007.
Théâtre : *Le Système Ribadier.*

Rhaaaaaaaââ ! Léaaaaaaaaaa Druckeeeeeeeerrrr…
Si vous nous faites l'honneur de venir jusqu'ici c'est pour parler de la pièce dans laquelle vous jouez et qui s'intitule *Black Bird*. Alors, dans le dossier de la pièce, j'ai lu : « Entre une jeune fille de douze ans et un homme de quarante, peut-on parler d'amour ? »
Et là je me suis dit mouaiiiiiis vingt-huit ans de différence d'âge : y a pas de quoi frimer. Johnny et Lætícia, la différence d'âge c'est trente-deux ans… Oui, je sais, ça n'a rien à voir : Laeticia avait vingt ans quand elle a rencontré Jojo. C'était déjà une jeune femme réfléchie au bagage intellectuel suffisamment étoffé pour…
Non, je dis n'importe quoi. Je recommence. C'était déjà une grande fille (point). Voilà qui est mieux…
J'ai aussi lu dans le dossier de votre pièce une phrase qui peut gêner car elle est valable pour beaucoup trop de situations et d'œuvres écrites il y a longtemps… De plus, c'est la dernière du dossier. Je vous la livre…
« Au-delà d'un moment de théâtre bouleversant, la pièce aborde une question de société fondamentale du point de vue intime

et troublant de deux êtres qui sont autant fracassés par leur vécu que par le jugement des autres.»
Ça peut prêter à confusion, comme texte… Moi, à la première lecture, j'ai cru qu'on parlait de Tom et Jerry.
«Tom» le chat fasciste obsédé par le génocide des rongeurs, en l'occurrence Jerry, le tout sous le regard désapprobateur de la bonne et du gros chien qui – et on doit le lire entre les lignes – sont la représentation des Nations unies… Et «Jerry» la souris, symbole du XXIe siècle qui se pose en victime permanente de la société qui l'entoure et qui ne songe, en réalité, qu'à une chose: manger du gruyère, et ce en pleine lutte occidentale contre la montée en flèche de l'obésité…
Comme quoi il faut être vigilant dans une présentation et personnaliser le mieux possible son texte…

Je me suis également penché sur votre dossier de presse perso et je suis tombé sur une petite interview que vous avez accordée à *Marie Claire* le mois dernier… À la difficile question «votre instant beauté préféré», vous avez répondu avec une sincérité qui vous honore: «J'adore me laver les cheveux et leur faire un soin.»
Bon, d'accord, c'est aussi honnête qu'indispensable comme info, ça ouvre un vrai débat de société sur notre rapport à la matière vivante, ça pose la problématique urbaine de la confrontation de l'homme avec son corps qui suinte, c'est d'une rigueur hygiéno-politique implacable… OK, je ne dis pas le contraire!
Mais vous n'aviez pas envie de répondre à côté, histoire de… je ne sais pas moi: protéger un tant soit peu votre intimité capillaire? Répondre un truc un peu punk du style: «J'adore m'éclater les points noirs devant *La Roue de la fortune.*»
Vous toucheriez par une déclaration de ce genre toute la population des ados purulents en mal de héros, frappés d'acné… En plus, vous imaginez le contrat en or que vous pourriez signer avec Biactol? Vous seriez la star exclusive de leur campagne de pub! Oh, je vois ça d'ici…

(Musique pub joyeuse)

Salut, c'est Léa Drucker ! Le matin quand je me lève et que je regarde ma peau, on est loin du tapis de pétales de rose... Ça ressemble plus à un fond de plat à gratin... Et encore ça va mieux : l'année dernière, avant que je découvre Biactol fallait voir le carnage ! C'est pas une peau que j'avais : c'était de la croûte de tartiflette ! Alors maintenant, avant de sortir de chez moi tous les jours je mets Biactol et je me sens moins laide... Pour les acnés résistantes et pour plus d'effet, combinez l'utilisation de Biactol avec du papier de verre...
Biactol est un produit recommandé par le ministère de la Santé sans toutefois être remboursé. Si par ailleurs vous êtes laide mais que ça n'a rien à voir avec l'acné, Biactol ne peut rien pour vous...

Oui bon enfin tout ça pour dire que vous n'êtes pas obligée de parler de vos cheveux dans *Marie Claire*...

J'm'en veux

INVITÉE : LIANE FOLY – 10 AVRIL 2008.
CD : *Le Goût du désir.*

Rhaaaaaaaaâââ ! Liane Folyyyyyyyyyyy…
C'est je crois la première fois que je vais dire ça à une femme : vous me plaisez énormément…
Votre dernier album *Le Goût du désir*, je l'ai dévoré à pleines dents et… rhumfff…, je n'ai pas été déçu. Ses treize titres furent treize tentations auxquelles je succombai avec délectation…
Je prends, je laisse me rappelle ces années où j'étais reproducteur officiel pour la région Île-de-France ! Les premiers samedis de chaque mois, une délégation du conseil régional et de la chambre de commerce et d'agriculture venait chez moi pour me présenter des pondeuses franciliennes et je devais dire en les voyant : « je prends » ou « je laisse »…
La chanson *J'm'en veux* a retourné le couteau du remords dans la plaie de mes regrets. Ceux d'avoir, à tort mais sans méchanceté, fait croire à des femmes, en les aimant à leur en faire tomber la tignasse, que j'avais du sentiment pour elles…
Et, bien entendu, *Hôtel d'Angleterre* me replonge dans un univers Max Moslesque où, bien souvent, je pris plaisir à souffrir quand la musique de mes désirs s'accordait aux sons de la cravache qui

claque sur le croupion avec en fond sonore le best of délicieusement anxiogène de Mylène Farmer...

Oui, Liane, votre disque c'est pratiquement ma vie à moi...
Du coup, je vais en profiter pour décliner mon état civil. Je me présente : Daniel Morin, gardien du temple des passions inavouables...
Liane, ce que je vous demande en premier c'est de ne pas me juger uniquement sur mon exquise apparence...
Je sais que j'ai un sex-appeal à faire bouillir une baignoire de nonne. Que mon corps est vénéré au cœur des sectes dont le système de vie est basé sur la nymphomanie et que d'un seul regard je peux rendre à nouveau fertile un troupeau de vieilles dans un hospice... Mais essayez, je vous en conjure, de voir l'homme qui est caché derrière cette carapace de dieu !
Je suis sûrement ce qui se fait de mieux au chapitre masculin et ce même si mon parcours amoureux n'est pas irréprochable... Oooh, non... Dois-je pour autant porter cette croix toute ma vie ?
Et croyez-moi Liane : comme le dit la sixième chanson de votre album : « j'm'en veux. »

(Musique de Au fur et à mesure *de Liane Foly)*

Non mon cœur n'est pas pur
J'ai eu trop d'aventures
Les femmes que j'ai aimées
J'les ai souvent bâclées
Au fond de la voiture

J'aime toutes les femmes, c'est trop dur
Même les moches, les trop mûres
Une fois sans faire exprès
Un mec j'ai emballé
Il portait une fourrure

Mais je ne suis pas une ordure
Je suis un mec bien
J'adore les Tibétains

J'boycotterai Pékin
J'ai été vilain
Mais faut pas m'condamner
Pas me comparer
À Michel Fourniret
Y m'faut juste du bromure

Alors ne me jetez pas la pierre, je vous en supplie Liane... D'autant plus que c'était il y a longtemps et qu'aujourd'hui j'ai beaucoup changé.

Je suis maintenant comme le grand babouin afghan
Majestueux et impressionnant
Dans les lueurs incendiaires du soleil couchant...
Mais en même temps si doux et si câlin
Quand il dort comme un ange au tout petit matin...
Quand il est allongé, on aimerait l'approcher
et lui faire des grattouilles
Là où la peau est fine juste en dessous... du cou.

Aujourd'hui bien sûr, je suis irréprochable avec les femmes. Je donne tellement de moi que j'ai l'impression qu'en retour on ne me donne jamais l'équivalent de l'énergie démentielle que je déploie pour distribuer le bonheur!
Oh, je sais qu'il est quasiment impossible de me combler à l'égal de la félicité que Daniel Morin sème à tout va, mais quand même j'aimerais qu'on me considère autrement quelquefois que comme une machine à extase...
Moi aussi, «et même si c'est bateau» comme vous le chantez en dixième position de l'album, j'ai envie qu'on me câline et qu'on fasse attention à moi...

(Musique du Mal aimé *de Claude François)*

J'ai besoin qu'on m'aime
Mais aucune femme ne comprend
Je ne suis pas qu'un dieu vivant...

Qui saura écouter mes envies ?
Me voir autrement qu'en Don Juan ou Émile Louis
Car aujourd'hui : je me sens

[Refrain :]
Humilié
Usé utilisé
Chaque fois elles m'emmènent
Humm dans la chambre à coucher
Mais j'aimer'ais bien juste un soir
Au lieu des galipettes
Dans la cuisine m'asseoir
Et manger une raclette !

J'ai bien essayé une fois de conjurer le sort en tombant amoureux d'une femme très laide et maladroite qui comprenait mon détachement physique à son égard et qui du coup ne me mettait pas la pression, mais quand c'est trop : c'est vraiment trop... Comme vous le dites dans *Je prends, je laisse*, là j'ai laissé : un soir j'ai craqué et j'ai rompu...
Elle a voulu savoir pourquoi, alors je lui ai tout dit. J'ai fait ça avec classe respect et courtoisie, ça va de soi, mais quand même ça a été dur...

(Musique de Besame mucho*)*

Tu embrasses : tu embrasses comme un veau
Et quand tu me broutes la barbe le matin
Ça me gêne
[...]
Tu as une tête : une tête d'un tourteau
Un poissonnier m'a proposé d't'acheter
Ça me gêne

J'en peux plus : j'en ai plein le dos
Avec toi je suis plus chez moi, je suis au zoo
De Vincennes

C'était il y a longtemps... Aujourd'hui, on a repris contact, on est amis. On s'appelle de temps en temps avec Régine... Mais je sens que tous les deux, ça peut être différent, Liane. Nous pourrions facilement repousser d'un cran les limites du nirvana! Vous seriez ma petite loutre espiègle des eaux tièdes, mais rassurantes à la fois des littoraux exotiques où notre amour pousserait tel un bambou épileptique, sous les feux enivrants d'un soleil de plomb qui ferait fondre nos inhibitions et laisserait éclater au zénith l'arrogance de notre passion dévastatrice, au rythme de nos deux cœurs ivres d'unisson qui palpiteraient si fort le soir sur la plage que même la marée haute n'oserait venir nous déranger... Puis à l'aube un rayon de soleil insolant d'impudeur viendrait nous réveiller au cœur de la forêt où mes bras engourdis de Tarzan seraient encore accrochés à ma Liane...

Vive le vent !

INVITÉE : LYNDA LEMAY – 3 MARS 2006.
CD : *Un éternel hiver.*

« Oh, y en a marre ! Y en a assez ! On n'en peut plus ! Ras-le-bol des chanteuses québécoises ! »
Voilà en gros ce qu'on entend aujourd'hui un peu partout. Il est apparemment de bon ton en ce moment de dénigrer les artistes de la Belle Province, eh bien, moi, je suis farouchement choqué !
Comment peut-on ?
Vous nous donnez tellement, vous les filles du nord des Amériques ! Avec votre voix aussi chaude que froid est votre hiver ! Avec vos yeux aussi clairs que l'eau glacée de vos lacs et avec votre peau aussi douce et velue que celle de vos grands ours !
Lynda, vous êtes une chanteuse à texte, une chanteuse engagée qui n'a pas peur et qui n'hésite jamais à chanter tout haut ce que personne ne pense, même tout bas !
Tenez, je prends un exemple : votre chanson *Un matin sans café.* C'est simple mais c'est beau à la fois !

Un matin sans café c'est comme un été sans soleil
Un matin sans café c'est pire qu'une nuit sans sommeil.

On dirait une pub pour Ricoré écrite par Yves Duteil : j'adore ! Je vous taquine Lynda, mais après tout, y a pas de mal à chanter simple et positif ! Surtout quand on vient de chez vous là-bas dans le Grand Nord. On sait comment ça se passe dans ces régions sinistrées…
J'imagine votre calvaire de petite Québécoise frileuse, obligée d'écouter Gilles Vigneaux à la radio en tricotant des pulls en laine de yack pour vos frères et vos cousins qui, été comme hiver, allaient dehors couper des arbres géants à la force de leurs dents !
Et puis plus tard vous auriez dû épouser un de ces bûcherons pour qui, le soir venu, vous auriez fait chauffer trois litres de soupe à l'érable et rôtir cinq kilos de viande de castor pour qu'il reprenne des forces… Forces qui une fois revenues lui auraient permis de vous jeter sur la peau d'ours au pied du lit pour vous honorer comme l'exige la coutume locale, c'est-à-dire dix-neuf fois de suite avec un chapeau Davy Crockett et un masque de hockey sur glace sur la tête ! Séance durant laquelle vous auriez dû participer en lui lançant des encouragements du genre : « Vas-y, fends-moi la bûche mon bûcheron d'amour ! Je suis ta loutre à poils longs, dépiaute-moi la vertu ! Vive le vent, vive le vent, vive le vent d'hiver ! Allez grizzli ! Allez nounours, rentre à la tanière ! »
Mais non, rien de cela Lynda et tant mieux pour vous !

Lynda vous avez préféré le show-biz
À la bise qui étouffe le chaud
Le succès, les amis, la famille, c'est bingo
Un éternel hiver, cerise sur le gâteau
En plus vous êtes jolie : vous faites vibrer les hommes
Comme le dit un ami « Ouais Lynda elle est bonne »
Pas de doute, en tout cas, c'est du travail bien fait
Ça, c'est sûr, le cœur à l'ouvrage : Lynda le met.

Alphantastique

Invité : Luc Alphand – 22 février 2007.
Livre : *À toute vitesse.*

Rhaaaâ la vache… Luc Alphand.
La classe bon Dieu : la pure classe !
Excusez-moi Luc, je m'emballe un peu mais vous êtes quand même un superhéros en chair en os en muscles et en tendons, là, devant moi !
Du coup, j'ai des sentiments mitigés !
D'un côté je suis supercontent de vous rencontrer, non mais sincèrement je suis supercontent… Et de l'autre côté vous m'agacez… mais d'une force, là aussi je suis sincère !
Non, ce qui m'agace c'est que vous fascinez les foules, mon p'tit Luc !
À la maternité de Briançon je suis sûr que vous le buviez plus vite que les autres, votre biberon à la tartiflette.
Ahhh, et puis adolescent du côté de Serres-Chevalier elles devaient toutes être amoureuses de vous, les petites montagnardes avec leurs joues rouges et leurs couettes glacées !
Et puis plus tard, avec le statut de moniteur de ski, ça a dû être l'hécatombe avec les filles ! En plus, moniteur de ski, ça fait sain ! Avec le climat de la montagne, on vous imagine avec des odeurs corporelles fraîches et mentholées… Ça, plus un corps tonique et

un teint toujours hâlé, vous suscitez la convoitise tel un chamois sénégalais !
Ahhhhh, le moniteur n° 9569 ! Il a dû en faire chavirer de la vacancière en mal d'altitude !
Je vous imagine avec votre combinaison bleu et rouge en train d'accueillir un soir au piano-bar de l'hôtel un groupe de débutantes avec votre petit speech de présentation 200 % mégalo…

> Alors les filles on vient pour la gliiiisssssssssse… Vous avez
> de la chance, je suis le meilleur mono de la région.
> Vif comme une marmotte
> Rusé comme un tire-fesses
> Je suis l'homme qui tombe les pics
> Sous mes skis la neige crie pitié
> Sous mes bâtons la glace, je fais craquer
> Je suis la boule de feu qui déchire la banquise
> Pour moi une terre gelée est une terre promise.
>
> Mais attention les filles je n'en suis pas moins
> homme écolo de nature
> Guerrier de l'hiver certes mais le cœur
> d'un Hulot palpite sous mon armure
> Je protège l'edelweiss, si devant moi elle pousse
> Par amour du pétale je peux stopper mon schuss.
>
> Voilà tout ça c'est moi c'est Luc Alphand et c'est énorme
> Mais vous pouvez m'appeler Décathlon : pourquoi ?
> Parce que « Décathlon : Alphand la forme ! »
> Hin hin hin hin…

Bon ben là, c'est sûr, elles tombent amoureuses de vous !
Mais comment les blâmer ces pauvresses ? Je me mets à leur place… Enfin non, c'est pas ce que je voulais dire. Je les comprends, voilà, c'est mieux !
En plus vous êtes doué…
Champion du monde par-ci, champion du monde par-là. Aucune descente ne vous a résisté mon p'tit Luc ! Sauf une que vous avez saisie plus tard à bras-le-corps en posant les skis et en prenant le volant…

La descente aux enfers des sports mécaniques aux moteurs qui fument et aux pilotes qui fulminent !
Et quelle reconversion réussie mon p'tit Luc !
Le Paris-Dakar ! Quand c'est pas la victoire, c'est tout proche !
Pareil pour les autres compétitions...
Vous le regard fixe sur la route à l'écoute quasi aveugle des ordres de votre copilote !
Là encore, quand on voit les images en pleine action de l'homme qui maîtrise la bête d'acier qui s'en va crachant du pot, pleine de rage vers un horizon aussi enivrant qu'incertain, on comprend une fois de plus que la femme voie en vous ce capitaine intrépide prêt à dompter la tempête du désert !
Femme qui se prend à convulser d'envie en s'imaginant être votre copilote dans le grand rallye de l'amour à l'arrière de sa Kangoo. Elle vous dirait sans détour et d'un ton ferme :
« Tout droit en quatrième, garde le rythme. Attention rétrograde en troisième, on arrive au passage entre les dunes. Accélère ! Accélère ! Accélère ! Accélère ààààà fooonnnnnnnddddddd !
Virage 45 degrés seconde !
Accélère, vas-y, plus vite !
Troisième... Quatrième
Non pas la cinquième, si on perd en puissance on patine !
Allez maintenant on ralentit plus
C'est tout droit, tu t'arrêtes pas même si tu vois de la fumée sous le capot... Alphand si t'es champion, appuie sur le champignon ! »

Ahhh là là ! quel talent ce Luc Alphand !
En tout cas merci pour ce livre, Luc, il nous permet de mieux vous connaître en attendant la sortie de votre CD autobiographique ! Je sais que vous avez enregistré une chanson qui retrace votre parcours...
Je suis au courant : c'est encore top secret mais, comme j'ai un devoir de vérité vis-à-vis des auditeurs du service public, je vais quand même livrer le scoop sur lequel j'ai mis la main : cette fameuse chanson qui doit sortir d'ici quelques semaines...

(Musique de L'Aventurier *de Jacques Dutronc)*

Je suis un aventurier
Et la vitesse c'est mon métier

Tout p'tit mon père m'a obligé
À mettre des planches au bout d'mes pieds
Six mois par an à me les g'ler
Sur toutes les pistes, j'ai tout gagné
Quand la porte s'ouvre, j'suis enragé
En descente et en Super G
Je suis un aventurier
Par contre je peux pas slalomer
Dès qu'y a un virage, ça déconne
Le slalom est un loup pour l'homme
Puis j'ai enchaîné les rallyes
Dakar Andros ou Tunisie
J'roule comme un dingue, c'est la belle vie
J'traverse l'Afrique sur mes Michelin
Dans les villages à plus de 120
Y a pas d'feu rouge moi j'y peux rien
Je suis un aventurier
Dans les rallyes je prends mon pied
Dans l'désert y a pas d'policiers
Tu peux conduire tout le temps bourré
Plus tard quand j'srai un p'tit pépé
Si vous croyez que j'vais m'calmer
Dans l'œil le doigt vous vous mettez
Si on me prive de volant
Je s'rai toujours impressionnant
Dans mes courses de fauteuils roulants
Je suis un aventurier.
Ma vie est un vrai conte de fées
J'ai tout gagné c'est magnifique
Appelez-moi « Luc Alphan-Tastique ».

Voyeurisme quotidien et phobies urbaines

**INVITÉ : VICTORIA ABRIL – 10 NOVEMBRE 2008.
CD : *Olala !***

Hier, comme probablement toute la population française âgée de quatre-vingts à cent trente ans, j'ai regardé les dix ans de *Vivement dimanche*, de l'immortel Michel Drucker…
Michel Drucker, une énigme à la science… Physiquement, il ne bouge pas. On est en droit de se demander s'il est humain.
Même sur les images d'archives de 1998 il a exactement la même tête et il rit comme aujourd'hui toutes les vingt secondes…
Seul petit changement peut-être, on notera que depuis que la douce Olga, sa chienne fidèle, n'est plus à ses côtés, l'animateur observe de plus en plus souvent Faustine Bollaert. Il le fait avec la même tendresse qu'il surveillait Olga… Quelque chose dans le regard de la chroniqueuse lui rappelle sûrement son animal perdu…
Autre personne remarquable dans cette équipe : Jean-Pierre Coffe… Il donne l'impression de vieillir plus vite que tout le monde… Coffe, physiquement, il est comme les chiens. Tous les ans il en prend sept… Avec son cou qui maigrit, son crâne qui brille et ses yeux de plus en plus exorbités, si ça continue comme ça l'année prochaine il va ressembler à E.T.

Voilà en gros tout ce qu'il fallait retenir de cet anniversaire…

Télé toujours: hier soir je comptais m'intéresser au monde en visionnant *Zone interdite* sur M6… Ma compagne et moi, le dimanche soir, nous nous mettons toujours en slip pour regarder *Zone interdite*… Nous aimons bien ce rendez-vous éducatif et contemporain à la fois qui nous plonge, sans voyeurisme, au cœur d'un quotidien voisin mais qu'on ne remarque pas, banalisé qu'il est par notre égoïsme citadin et nos phobies urbaines… Enfin, surtout ma compagne qui trop souvent se fout pas mal des malheurs du monde qui l'entoure. La preuve: elle ne remarque jamais quand ma bouteille de bière est vide et qu'il est temps d'aller m'en chercher une autre…
Moi, par contre, je ne suis pas seulement un être à la plastique impeccable… ce serait trop facile… Non! à cette bénédiction physique j'aime ajouter une grande rigueur morale…
Je suis donc très à l'écoute et d'une grande sensibilité aux malheurs de ceux qui n'ont pas eu ma chance…
Bref, ça commence, mais rapidement ma compagne fatiguée par ma mauvaise humeur et aussi – mais, ça, elle ne l'admettra jamais – par le poids des ans qu'elle gère beaucoup moins bien que moi – et ça se voit – et qui fait qu'aujourd'hui, passé vingt heures, elle a les paupières aussi lourdes que ses cuisses… La pauvre vieille… Et du coup va se coucher…
Du coup je reste seul devant la télé et je vais jeter un œil sur Teva. Là je tombe, par hasard, sur *Top Model USA*. Il s'agit d'un casting d'une quarantaine de filles âgées de dix-huit à vingt-trois ans qui se présentent dans un premier temps, puis on les voit évoluer en maillot de bain… Les maillots de bain ne sont pas d'une qualité exceptionnelle mais les filles se débrouillent plutôt pas mal… Et c'est précisément à ce moment-là que ma compagne revient dans le salon pour prendre le tube de crème dépilatoire qu'elle avait utilisé sur ses jambes pendant les infos mais dont elle avait encore besoin pour ses avant-bras et son dos.

Là elle me jette un œil noir et me dit: «Ah ben je vois le genre: quand je suis pas avec toi tu en profites pour regarder des femmes à poil!»
Ce à quoi j'ai répondu: «Ah, ben, ça, c'est bien toi, ce genre de réflexion! Ne voir dans ce défilé de jeunes femmes en maillot qu'une excuse pour mater de la chair fraîche et déshabillée, c'est dégradant de ta part et humiliant pour moi! Figure-toi que moi, je ne vois même pas que ces filles sont en maillot... Pour tout te dire je n'avais même pas remarqué qu'elles ne portaient plus de vêtements... Non, moi, ce que je regardais, c'est la volonté de ces filles qui dans un monde aussi cruel que compétitif ont un rêve de petite fille... et pour le réaliser, ce rêve, elles vont de l'avant coûte que coûte et vaille que vaille, et, si certaines ont des démarches de petites traînées et des regards de grosses vicelardes, c'est sous la pression de notre culture occidentale, une culture avilissante pour la femme dans son intégrité, et, ça, ça me chagrine... Mais ça me chagrine moins que ton attitude suspecte à mon égard qui essaye de me faire culpabiliser de regarder ces pauvres filles aux formes sublimes et au visage enchanteur... Pourtant tu le sais très bien: si je suis en couple avec toi, c'est que pour moi le physique ça ne compte pas!»

Elle s'est excusée puis est allée me chercher une bière...

Critères émotionnels

INVITÉE : ALIX GIROD DE L'AIN – 6 JANVIER 2009.
Film : *De l'autre côté du lit.*

Rhaaaaaaaaaaaaaaaaaaaââââ, Alix Girod de l'Ain…
Si vous saviez comme ça me fait plaisir de vous consacrer un peu de mon précieux temps, chère collègue !
Non, non, ne rougissez pas : vous le valez autant qu'une autre…
Alors là, oui, bien sûr, chers auditeurs je vous imagine derrière vos postes de radio en train de vous dire : « Mais il se fout de nous, Morin, à la vouvoyer comme ça ! Ça fait trois ans qu'ils sont dans la même émission, forcément ils se connaissent bien ! Ils doivent même coucher ensemble ! »
Eh bien non : Alix et moi n'avons jamais consommé. J'ai toujours refusé.
Bien sûr, l'occasion s'est présentée plusieurs fois notamment lors de nos déplacements en province où le soir venu elle venait gratter à la porte de ma chambre d'hôtel…
La dernière fois j'ai été obligé de lui ouvrir, elle commençait à ronger la porte… Elle avait presque les larmes aux yeux. Elle portait sa petite chemise de nuit en cuir rouge. Nous avons discuté, elle insistait et j'essayais de la dissuader. Heureusement, pour détendre l'atmosphère j'emporte toujours avec moi dans ma

chambre d'hôtel, en cas d'inspiration fulgurante, mon Richard Lornak et son piano...

(Musique de Love Story*)*

– Allez, Daniel, s'te plaît, juste une fois...
– Non, Alix, ça suffit. Va te coucher, j'ai une chronique à faire pour demain. J'ai besoin de mes huit heures d'écriture...
– Je t'en supplie tu me rends dingue ! Déjà dans le train j'ai failli craquer quand je t'ai vu dormir nu sur une banquette ! Pitié, accepte !
– Alix ce n'est pas une bonne idée... Pour l'instant ta vie a un sens : tu as une famille, un travail... Si dans cette chambre nous basculons, tu vas connaître avec moi les plaisirs intenses et maudits des mille et un démons d'Aphrodite et tu ne t'en remettras pas, petite Alix... Ta vie va devenir une tourmente sans fin où tu renieras tout pour revivre, ne serait-ce qu'un instant, le tsunami d'extases que tu auras connu ce soir pendant quatre-vingt-deux heures...
– Mais ma vie n'a déjà plus de sens ! Depuis que je te connais ma température corporelle est passée de 37 à 41 degrés ! La nuit je me réveille en hurlant du latin à l'envers ! Aime me-moiiiii ! Je brûle d'amour pour toi : sois mon Landru !
– Je ne peux pas, Alix... Je suis déjà engagé avec quelqu'un du *Fou du roi*. Je vis une aventure aussi sensuelle que torride avec Joëlle Goron...

Évidemment, c'était faux : cette brave Joëlle n'a jamais eu cette chance. Par ailleurs, elle n'en a nul besoin puisque depuis quatre ans maintenant Joëlle s'éclate comme une loutre dans sa romance avec Didier Porte.
Mais sache, Alix, que ça n'a rien à voir avec de quelconques critères physiques, ce refus. Car en vérité je résiste...
Oui, je résiste, car tu es belle et fraîche, Alix.
Tu ne fais pas tes trente-deux ans : on t'en donne à peine dix-sept.

Par ailleurs, tu es brillante, Alix. Tes livres sont un régal d'humour caustique…
Je croyais que tu étais 100 % journaliste presse féminine. Je ne savais pas que tu savais écrire.
Évidemment, c'est la jalousie de n'avoir jamais écrit de livre[1] qui me fait parler chère Alix… Alors en plus un livre adapté au cinémaaaaaa !

Et puisqu'on en parle, de l'adaptation, c'est quoi ces manies de vouloir que les mecs soient polyvalents en tout et dans tous les domaines ? Non, parce qu'à vous écouter c'est pas un type qui sait tout faire qu'il vous faut : c'est quinze mecs différents !

Il vous faut le mec rassurant
Style Charles Ingalls de *La Petite Maison dans la prairie*
Qui, tous les jours, met un peu de ciment sur les fondations de votre couple en faisant tous les dimanches
Des projets pour la semaine à venir…

Mais en même temps vous avez besoin du mec indépendant et solitaire
Genre Albator
Celui qui refuse de se conformer et d'envisager le futur
Celui qui vous a fait tant rêver quand vous étiez adolescente…

Il vous faut le fêtard à la Philippe Candeloro
Qui vous fera danser le samedi au
« Caraïbes Tropical » de Maisons-Alfort :
Ce boute-en-train génial qui lance la chenille à trois heures et demie.

Mais après une dure semaine vous voudriez aussi avoir le casanier
À la Paul-Loup Sulitzer
Qui sera heureux de cocooner avec vous sur le canapé mou
À regarder en DVD *Desperate House Wives*

1. Jusqu'à maintenant !

En mangeant des sushis
Habillé en jogging La Redoute et en chaussettes Adidas.

Mais c'est pas tout
Vous voulez ce type brillant et cultivé dont vous êtes si fière en société et qui sur une plage normande en plein mois de février
Tel un Bernard-Henri Lévy est capable de se mettre à poil face au vent et de vous lire de la poésie afghane la larme à l'œil.

Mais en même temps il vous tente aussi le drôle
Le genre Patrick Sébastien
Qui, loin des prétentions de salons parisiens, va vous raconter ses meilleures blagues cochonnes à l'oreille pendant un enterrement.

Et enfin vous le voulez toutes ce romantique inguérissable
Le Francis Cabrel qui jamais n'oubliera la date anniversaire
Du jour de votre rencontre
Et vous gâtera toute la journée en s'occupant de tout:
Depuis le petit massage des pieds dans le bain qui mousse
À la réservation de restaurant à bougies
En passant par le bijou cadeau plaqué or
Souvenir de tant d'années de bonheur partagé.

Mais vous le souhaitez plus encore celui qui a le profil de la bête
Un type à la Garou dans la plus pure tradition néandertalienne
Qui sans manières se dirigera vers vous dans le parking
Vous attrapera par les cheveux
Pour vous mettre sur son épaule comme un sac de vulgaires féculents
Puis vous jettera sur le capot d'une bagnole,
Arrachera votre petite robe vichy
Déchirera sa chemise de bûcheron et son jean de mécano
Puis vous dira d'une voix rauque:
«Je vais te faire l'amour comme un phacochère ma pouliche!»

Eh ben nous aussi, les hommes, on a des critères émotionnels pour tomber amoureux. Mais on est moins difficiles.
Eh oui, mesdames !
Nous, les mecs, si une femme sait réchauffer les pizzas sans les brûler,
Servir une bière sans faire trop de mousse
Qu'elle aime le foot sans être bavarde
Que sa mère est déjà à l'hospice et intransportable
Et si enfin elle a moins de poils que nous...

Eh ben on l'épouse !

La grande cathédrale des Saintes-Extases

Invité : Franck Dubosc – 28 avril 2009.
Film : *Incognito.*

Messieurs, mademoiselle, vous êtes venus nous parler du film *Incognito* dans lequel vous jouez tous les trois, et c'est drôle... Il m'est arrivé pratiquement la même histoire !
Un homme riche adulé et célèbre dans le show-business qui ne veut pas qu'une relation passée sache ce qu'il est devenu et qui demande à un proche de prendre sa place pendant un moment...
Je connais : Stéphane m'a fait le coup l'année dernière !

J'étais chez moi en train de relire l'œuvre complète de Karl Marx en grec ancien tout en écrivant de la poésie en vietnamien oriental quand d'un seul coup le téléphone sonne !
– Allô ?
– Oui, c'est maître Stéphane à l'appareil.
– Que puis-je pour vous, ô grand soleil des ondes hertziennes ?
– J'ai besoin de toi immédiatement. Viens en mon domaine parisien de la Berneraie.
Une fois arrivé, Stéphane m'explique...

– Je suis tombé par hasard sur une fille que je fréquentais à l'époque où j'étais gigolo pour vieilles sur les croisières Costa. Elle m'a dit qu'elle était dans la mouise alors je lui ai proposé de venir dormir ici, mais comme je suis sûr qu'elle va essayer de me taper du fric – une femme reste une femme – si elle apprend que j'ai amassé mon immmmmeeeense fortune, on va dire que c'est chez toi et que tu m'héberges !
– Mais pourquoi me demander ça à moi, ô grand timonier de la bande FM ?
– Tout simplement parce que tu es la personne la plus séduisante, la plus cultivée et la plus classe que je connaisse. Je sais que tu feras honneur à ma demeure !
– Je salue là votre sens de l'observation et j'accepte votre requête !
Je me suis donc retrouvé l'espace d'un week-end maître des lieux du château de la Berneraie !
Stéphane est arrivé avec son ex-flirt aujourd'hui indésirable pour cause de statut de virtuelle nécessiteuse !
– Bon, eh bien, Daniel, je te présente Samantha, une vieille amie. Samantha, je te présente Daniel qui nous reçoit dans sa maison... Voilà, je vous laisse faire connaissance moi je vais me reposer !
– Bonjour monsieur Daniel.
– Salut toi ! Alors, comme ça, on s'appelle Samantha ?
– Oui.
– J'adore ce prénom. J'ai bien connu une Samantha il y a longtemps. Elle était prostituée sur le port de Brest, elle sentait fort les embruns et j'aimais ça !
– Vous la voyez toujours ?
– Non, elle est morte... Une histoire horrible : elle a été bouffée par un albatros géant !
– C'est drôlement beau chez vous ! Vous devez être riche...
– Rhooo, oui bien sûr, je suis même extrêmement riche... Mais, pour moi, la vraie richesse, c'est celle de l'âme. Oui, je sais, c'est facile à dire quand, comme moi, on est riche et doté d'une beauté qui rendrait Narcisse dépressif. C'est vrai, mais la richesse

de l'âme est unique car on peut la construire en faisant le bien autour de soi et au final elle peut rendre beaux des gens comme toi que la nature n'a pas célébrés.
– On peut visiter?
– Mais bien sûr!... Alors là, c'est le salon: 150 m² parsemés d'objets multiples que j'ai rapportés de mes diverses aventures à travers le monde.
– Dites, c'est marrant toutes ces photos avec des célébrités et Stéphane!
– Ce sont des montages, tu sais!
– Ah bon...

(Musique triste)

– Tu sais, petite, Stéphane est un homme seul: très seul... Tu l'as fréquenté intimement, tu es au courant. Physiquement, il sait qu'il doit renoncer à tout sentiment de fierté... Nu, il a le corps d'un enfant de six ans. D'ailleurs j'évite de sortir de la douche à poil devant lui. Quand il me croise, je vois bien dans ses yeux poindre une larme. La larme que souvent verse un enfant quand il voit un camarade avec un jouet bien plus beau que le sien!
– C'est gentil de votre part! Et les douze statues qui représentent Stéphane dans le parc, c'est pas des montages ça...
– Non, c'est vrai, c'est un cadeau! Un cadeau et un challenge à la fois... Comme Stéphane est amoureux de la Grèce, pour son anniversaire j'ai taillé à mains nues dans du granit guatémaltèque des statues à son image qui le représentent en train d'effectuer les douze travaux d'Hercule!
– Vous avez fait tout ça à mains nues?
– Oui! Bien sûr, pour les finitions, les points de détails, j'ai utilisé mes dents, mais c'est notre œuvre à moi et à mon corps, pour mon ami Stéphane.
– Oooh, ce que vous êtes généreux, monsieur Daniel!
– Oui, je sais, mais je n'y peux rien je suis comme ça. Donner du bonheur autour de moi sans retenue ni questions, c'est plus fort que moi: c'est mon karma, c'est ma mission.

– Vous savez quoi, monsieur Daniel ?
– Non ?

(Musique de Love Story*)*

– Ça me donne envie de faire l'amour avec vous tout de suite, de me laisser aller comme une fille de joie ivre de désir dans vos bras puissants et sous la houle hypnotique de votre bassin rageur et sensuel à la fois... Et comme devant vous je me sens vulnérable telle la loutre naine devant l'anaconda géant vous pouvez même me bâcler comme une vulgaire petite souillon de banlieue ukrainienne...
– Je te comprends ! Allez, viens, c'est l'heure de visiter la grande cathédrale des Saintes-Extases : ma chambre !... C'est là !

(Musique de piano-bar lounge)

– Rentre !
– Whoaaaaaa, c'est beau ce dessus-de-lit en hermine ! Par contre, c'est bizarre d'avoir au-dessus du lit les photos d'Albert de Monaco et de Nadine de Rothschild !... C'est où la salle de bains ? J'ai besoin de me rafraîchir !
– C'est juste là. Vas-y, tu as raison et je crois que tu en as besoin. Il ne faut pas plaisanter avec ça ! Car si, comme ça, à première vue tu as l'air bien brave... Quand on voit l'état de tes cheveux, on sent bien que ta première priorité, c'est pas l'hygiène !
– Voilà ça y est, je suis prête !
– Je suis là, assis dans le fauteuil. Je suis nu, alors... fais attention où tu marches !

Évidemment, elle a passé un moment qui restera gravé à jamais dans sa mémoire de femme moyenne... Elle m'a dit que Stéphane avait beaucoup de chance d'avoir quelqu'un comme moi à ses côtés.
Le dimanche soir nous avons été au restaurant tous les trois... À la fin du repas, comme d'habitude, j'ai payé. Avant de partir et malgré sa condition précaire économiquement, Samantha a

donné un petit billet à Stéphane pour l'aider à affronter le quotidien, puis elle s'en est allée !
Stéphane affichait un sourire béat...
Quand je lui ai demandé si c'était à cause du départ de Samantha ce sourire, il m'a répondu : « Oui mais aussi parce que je suis assez fier de moi : en une soirée j'ai réussi à me faire payer le resto par toi et en plus j'ai taxé une pauvre... »

À demain !

Cette femme formidable mérite le top !

Invitée : Maria Pacôme – 13 mai 2008.
Théâtre : *La Maison du lac.*

Rhaaaaâââ Mariaaaaaaa Pacôme ! C'est la deuxième fois que je vous vois et, mon Dieu comme l'arithmétique est implacable, je vous trouve deux fois plus belle…
Je me présente : Daniel Morin, machine à donner du rêve…
Vous me plaisez, Maria, et c'est un tourment qui hante tout mon corps…
« Des arpions au menton en passant, cela va de soi, par le cœur du croupion vous me donnez Maria l'émotion du frisson… »
Je ne vous cache pas que j'avais peur qu'aujourd'hui Stéphane Bern nous invite Régine pour fêter Halloween…
Maria, vous êtes si séduisante… Votre chevelure incendiaire dans laquelle on voudrait s'immoler, votre voix à mi-chemin entre celle de Jean-Pierre Coffe et de E.T. me fait chavirer. Et vos yeux ont exactement le même bleu que celui des mers pures et glacées dans lesquelles je vais baigner mon corps de guépard transgénique afin que ce dernier garde ce galbe inimitable de créature divine et faite pour l'amour physique…

Du coup, moi, Daniel Morin, je me suis dit… Cette femme formidable mérite le top !
Maria, j'ai le plaisir de vous annoncer qu'en guise de récompense pour l'ensemble de votre carrière vous allez avoir le droit de passer une soirée avec moi…
Ne me remerciez pas. Ne pleurez pas. N'entrez pas en transe. Ne faites pas de convulsions, c'est un cadeau France Inter et en plus ça me fait plaisir !
Néanmoins j'espère que vous mesurez toute l'ampleur d'un tel présent…
Une soirée avec Daniel Morin, c'est énorme, c'est colossal, c'est tsunamiesque ! Pour vous donner une idée du cadeau dont vous allez profiter je vais vous chanter un passage de la chanson qui a été écrite par une tribu nord-américaine composée exclusivement de femmes sublimes en l'honneur de Daniel Morin…

(Musique de L'Été indien *de Joe Dassin)*

Souvent, nous pensons au jour béni
Où nous avons rencontré l'homme
Il était très beau,
Il portait un string fuchsia comme Roselyne Bachelot
C'était l'automne, un automne où il faisait beau
Une saison qui n'existe que dans le nord de l'Amérique
Maint'nant on l'appelle l'été Morin
En l'honneur de celui dont nous sommes les apôtres
Il s'appelle Daniel
Mais pas n'importe lequel, lui, c'est Daniel Morin
Et on se souvient, on se souvient très bien
De ce qu'on lui a dit ce matin-là
Il y a un an, y a un siècle, y a une éternité

On fera c'que tu voudras, quand tu voudras
Et on t'aimera encore, même si un jour tu sens fort
Notre vie : avec toi elle est tellement bien
Quel bonheur c'est l'été Morin !

Tu vois, Maria… Oui, à partir de maintenant on va se tutoyer, je sais que tu en meurs d'envie. Tu vois, Maria, dans certaines régions du monde Daniel Morin, c'est carrément une saison…
C'est l'automne, la saison des feuilles qui tombent comme tombent les dernières résistances des femmes qui croisent son chemin…
Alors pour cette soirée avec moi que tu as gagnée, Maria, je veux que tu en profites pleinement, que tu puisses dire sans regret à tes copines : « Wouaiiis c'était génial : j'avais déjà entendu parler de lui bien sûr mais la réalité dépasse la légende ! Cet homme m'a rendue folle ! Il m'a totalement envoûtée ! Devant lui, je suis comme un chien devant une boîte de Frolic à la volaille ! Il m'a traitée comme une petite fille négligée, j'ai adoré ! »
Alors vas-y, Maria, c'est la récompense ultime : souviens-toi du proverbe savoyard : « Si tu ne gravis pas la colline de la tentation aujourd'hui, demain tu auras sûrement à grimper la montagne des regrets… »
Ne fais pas comme cette femme à qui je m'étais offert un jour et qui a hésité pour au final se décider à dire oui, mais c'était trop tard… Mon planning et mon Mojo m'avaient déjà emmené loin d'elle…
Je sais qu'elle a regretté cet instant d'indécision toute sa vie, vie qu'elle a passée dans la misère, habillée en Casper le gentil fantôme comme pour se punir de son choix moribond…
Parfois je pense à elle : pauvre mère Teresa ! Oh, et puis zut, Maria ! Cessons là cette comédie ! Nous avons déjà eu une histoire tous les deux et je trouve ça idiot que nous le cachions de la sorte ! Sache, Maria, que Daniel Morin est fier d'avoir par le passé partagé des instants de félicité à tes côtés…
Oui, amis du public, camarades auditeurs… Maria et moi, c'était une belle histoire !
Une belle histoire à l'occasion de laquelle Maria m'a initié à des plaisirs que j'ignorais…

(Musique de La donna è mobile *dans Rigoletto)*

Maria m'a dominé
M'a donné la fessée
D'vant la Pacôme
J'étais un môme

J'm'étais déjà tapé
Des boudins, des beautés
Surtout des cageots
Style Christine Bravo

Maria m'a fouetté
Elle m'a cravaché
[…]
M'a mis des chaîîîîîîîîîîîînes
Pour que j'fasse la vaisselle
[…]
Que je vide la poubelle

Mon home sweet hoooooooooooooooooooooooooooooome
C'était Maria Pacôme !!!!!!!

Ma muse

Invitée : Marianne James – 1er juin 2006.
Festival : Printemps de Pérouges.

Ça fait longtemps, longtemps, que je pense à vous, Marianne… Et, ça, je vais avoir l'occasion de vous le prouver pendant les quatre prochaines minutes…
Tout d'abord, permettez-moi de vous dire à quel point j'ai été ému hier soir en vous découvrant habillée en geisha pour les demi-finales de *La Nouvelle Star* ! Vous étiez magnifique ! On aurait dit un sushi géant !
D'ailleurs, ça n'a pas échappé non plus à Stéphane Bern qui, amateur de belle musique lui aussi, regarde avec moi *La Nouvelle Star* le mercredi soir…
Quand il vous a vue à l'écran, il s'est écrié d'un ton très poissonnier : « Bon Dieu, mais c'est vrai qu'on dirait un sushi ! Moi, ça me donne carrément envie de l'écailler, la morue ! »
Des propos qui (comme le sushi d'ailleurs) sont crus, mais qui sont surtout des cris du cœur !
Sacré Stéphane !

Pour rester quelques instants au chapitre *Nouvelle Star*, je tenais à exprimer publiquement mon soutien pour LE finaliste. Je n'ai rien contre Christophe Willem, mais je trouve qu'il mérite plus :

il a le regard malicieux du batracien, il est voûté comme un vieux curé, il est au sex-appeal ce que Lady Diana est à la prévention routière... bref, il est magique...
Votez pour Christophe Willem, c'est pas tous les jours qu'on risque d'avoir une tortue Ninja au Top 50!

Ahhhhhhhhhhh, Marianne: que de chemin parcouru depuis *L'Ultima Récital.*
À l'époque, vous m'aviez déjà profondément touché!
«Ul-ri-ka»: trois syllabes qui résonnent et qui claquent encore à mes oreilles comme des coups de fouet cinglant mêlant la douleur au plaisir sur la peau rose, douce, imberbe et innocente de mes fesses de chérubin, chamboulant du même coup ma libido tourmentée!
Depuis, dans le privé comme sur la route, je ne jure que par l'Allemande volumineuse.
Spacieuse et confortable, elle ne vous déçoit jamais!
Quelquefois l'ouverture est difficile mais une fois à l'intérieur, ahhh, qu'est-ce qu'on est bien!
Que du moelleux!
Et si au démarrage la bête met du temps à se bouger, une fois la machine lancée c'est «la croisière s'amuse»!
À l'aise sur les routes de campagne, elle répond présente quand il faut se faufiler dans les petits chemins étroits et escarpés!
Magistrale sur les grands axes, elle est la compagne idéale pour un bon décrassage longue distance!
Elle a la soupape qui chante, le carbu qui vibre, la courroie qui glisse et son pot ne fume jamais... Vive la berline teutonne!
Quand je pense que certains n'envisagent les canons de la beauté qu'au travers des silhouettes filiformes que nous imposent les magazines de mode et leurs mannequins cadavériques...
Ces filles aussi pâles que maigres qui ont peur de prendre du poids en regardant une photo de pomme et qui du coup, par manque de conséquence interne, ont le regard aussi vide qu'un crâne de lofteur... Enfin, je dis ça, mais au fond je les plains plus qu'autre chose. Car s'il est vrai que le vide les caractérise, je peux vous dire que, par contre, trop pleines sont les rigoles

qui charrient mes larmes à la vue de ces pauvrettes qui n'ont comme seul bagage que les valises de fatigue qu'elles portent sous leurs yeux délavés par les lessives et les parfums dont elles font la promotion pour gagner leur vie et faire grossir un compte en banque qui, de façon tragiquement ironique, ne prendra du volume qui si elles en perdent, encore et toujours!
Alors comme les plaisirs de la bouche leur sont interdits, elles compensent en consommant à grands coups de narine les plaisirs lyophilisés que leur apportent d'artificiels paradis qui parfois leur font voir les étoiles mais qui, plus sûrement, les privent d'une lune mille fois promise et jamais décrochée par des agents pourris! Des âmes et des cœurs transis qui n'ont pour seul abri qu'un corps sec et décharné qu'on aimerait bien aller consoler et réchauffer dans la chaleur d'une saillie fraternelle mais qu'on n'ose entreprendre physiquement. Quand il y a plus d'os que de viande, on a souvent peur de se prendre une écharde!
Ne serait-il pas plus fun pour tout le monde que les formes reprennent leurs droits? Que superbes, les mannequins et les femmes qui les imitent le soient jusqu'au bout? Qu'elles fassent de la générosité leur cheval de bataille en arborant fièrement la dite culotte du même animal! Qu'elles accordent à leur décolleté la délicieuse sensation de se laisser envahir, voire submerger, par l'insolence d'une poitrine fière et plantureuse dont les extrémités pointeront avec panache et arrogance en direction d'un monde où le confort de la chair abondante ne sera plus montré du doigt mais qui, au contraire, réunira les dix pour aller cueillir à pleines mains les fruits démesurés et plus jamais défendus de la terre promise et enfin opulente!
Marianne vous êtes un souffle de liberté!
Vous avez sur nous l'effet que Saint Algue a sur les Miss...
Saint Algue le magicien qui transforme chaque année une cinquantaine de filles de ferme en pétasses à diadème!
Vous, c'est pareil: après vous avoir vue, on affiche un sourire idiot!
Marianne vous êtes ma muse et, quand ça m'amuse, je suis heureux!
Merci Marianne!

Tout schuss

Invitée : Marielle Goitschel – 1er octobre 2008.
Livre : *Les Sœurs Goitschel.*

Rhaaaaaââ Marielle...
Si vous saviez comme je suis heureux de vous rencontrer enfin, et de vous donner par la même occasion la chance de croiser la route d'un homme aussi exceptionnel que moi !
Vous me plaisez Marielle. Vous me plaisez énormément...
Vous avez dans les yeux un je-ne-sais-quoi qui m'hypnotise...
J'ai l'impression d'être un petit lapin tremblant pris dans la lumière de votre regard éblouissant. Et pourtant ce n'est pas le genre de la maison de se laisser impressionner facilement...
Vous l'aurez sûrement remarqué, je suis presque ce qui se fait de mieux en matière de séduction...
Mon corps à la plastique impeccable et ma virilité aveuglante sont célébrés et reconnus dans grand nombre de pays...
En Pologne, pays de grande ferveur catholique, on affiche des posters de moi dans les couvents pour mettre les apprenties bonnes sœurs à l'épreuve de la tentation du péché de chair...
Au Paraguay, j'ai été élevé au rang de dieu de la Fertilité depuis qu'on a retrouvé une photo de moi sur une femme qui venait d'accoucher seule dans la jungle. Elle avait quatre-vingt-neuf ans...

Je me présente : Daniel Morin. Grand conquistador des territoires inconnus du plaisir...
Et pour vous Marielle, j'ai des projets...

(Musique de Love Story*)*

J'ai envie que, vous et moi, nous nous donnions
une chance pour laisser éclater au grand jour une aventure
moitié passion, moitié frisson...
J'ai envie de vous extirper à votre quotidien alpin fait
de raclette qui pique et de bonnet en laine qui gratte...
Moi, Daniel Morin, je suis prêt à vous donner, Marielle,
une ivresse qui sera à la hauteur de vos montagnes...
Et ce n'est pas tout !

(Musique de L'Apprenti sorcier*)*

Nous partirons en balade sur les flancs escarpés,
des sommets enneigés...
Pour être en harmonie avec la nature sauvage et brutale,
nous serons nus, seulement équipés, pour ne pas glisser,
de fines peaux de phoque que nous agraferons à même
nos voûtes plantaires. Ça fait mal, oui je sais, mais c'est
bon !
Nous jouerons à cache-cache dans la poudreuse avec,
pour corser le jeu, des marmottes albinos...
Puis, n'écoutant que mon courage au service de ton bien-être Marielle, je dompterai à mains nues un bouquetin
sauvage et carnivore pour qu'il nous emmène sur son dos
vers les derniers sommets...
Et pour finir...

(Musique des Walkyries*)*

Je taillerai dans le bois d'un sapin mort de cause naturelle
deux paires de skis que j'équiperai pour une meilleure
glisse de la peau de deux loutres moribondes qui auront eu
le malheur de croiser mon chemin...

Je sais, c'est cruel, mais entre nous et comme dit
le proverbe ukrainien : « Les loutres,
qu'est-ce qu'on en a à foutre… »
Et nous descendrons tout schuss les pentes vertigineuses
de l'extase amoureuse, slalomant entre les portes
castratrices de la vertu, de l'abstinence et des maladies
honteuses.
Nous prendrons le tremplin des pulsions nirvanesques
pour nous envoler puis planer un instant à l'étage béni
du ciel qu'on appelle le septième…
Au final, nous atterrirons dans un bain de vin chaud
où les vapeurs d'alcool associées aux effluves de cannelle
nous transporteront vers des rêves tropicaux où nos corps
glacés trouveront enfin un repos mérité…

Ahhh, nom de Dieu, la pub avait raison : « La montagne ça vous gagne ! »

Troisième âge

Invité : Philippe Torreton – 20 septembre 2007.
Théâtre : *Dom Juan*.

Rhaaaaâ, Philippe Torretooonnn, je vous salue !
En ce moment, vous jouez *Dom Juan* au théâtre Marigny !
Dom Juan interprété par Philippe Torreton et mis en scène par Philippe Torreton !
Quelle chance j'ai de me retrouver à vos côtés !
Et quel honneur vous avez de me rencontrer, car pour vous, Philippe Torreton, moi, Daniel Morin, je vais interpréter du Daniel Morin écrit par Daniel Morin !
Pourquoi ?
Tout simplement parce que la vie de Dom Juan et celle de Daniel Morin sont très proches…
Rhhââââââhhhhh Dom Juan : deux syllabes qui résonnent aux oreilles des femmes comme une onde de promesse d'extase : mélangée à de l'angoisse !
Un sentiment que connaît bien Daniel Morin puisqu'il est témoin de ces comportements hystériques à chaque fois qu'il croise une femme…
Quand par exemple, moi, Daniel Morin, je me baigne nu dans la Seine au mois de décembre, je sens bien quand je sors de l'eau que tout ce qui est féminin dans un rayon de cinq cents mètres

s'arrête de bouger, voire de respirer, pour mieux profiter du spectacle ahurissant de mon corps venu tout droit de l'Olympe où tant de muscles se bousculent et essaient de frayer un passage sous ma peau satinée...
Ces femmes sont heureuses car elles n'oublieront jamais ce qu'elles viennent de voir. Mais ces femmes sont malheureuses aussi car elles savent pertinemment qu'elles ne trouveront jamais autant de virilité dans un seul être qui puisse s'intéresser à elles seules...

Dom Juan : personnage séducteur boulimique de conquêtes qui comme le ciel n'a pas de limites... Dom Juan aime aimer qu'on l'aime.

Oui, alors à la différence de Dom Juan, moi, Daniel Morin, j'aime par pure générosité ! Daniel Morin n'aime pas voir souffrir : même les femmes... Alors, dix à vingt fois par jour, quand une femme se roule par terre devant Daniel Morin puis qu'elle se frotte à sa jambe en parlant latin à l'envers et qu'elle commence nerveusement à se grignoter le gros orteil, Daniel Morin comprend sa douleur...
J'arrache ma chemise puis, tel le grand gorille des plaines désertiques irlandaises, je me frappe le torse en chantant du Johnny Clegg et je l'honore !

Dom Juan qui par son action a fait de son nom le synonyme de la passion physique et du charme hypnotique.

Alors, puisqu'on parle « synonymes », vous n'êtes pas sans savoir que « Daniel Morin » dans certains pays est une expression sacrée...
Au Sénégal, Daniel Morin veut dire « Extase suprême au goût de cacao ».
En Finlande il veut dire « Grand fjord du plaisir ».
Et, au Vietnam, Daniel Morin signifie « Porc au caramel ».

Dom juan à qui personne ne résiste et qui ne résiste à personne... Dom Juan figure incontournée du paysage romantico-érotico français !

À la différence de Dom Juan, Daniel Morin est modeste. D'ailleurs la modestie est une des nombreuses qualités qui caractérisent Daniel Morin et qui me rend génial !

Quelquefois, une à deux fois tous les dix ans, il arrive qu'une femme résiste à Daniel Morin... Et, bien sûr, comme tous les grands fauves, comme tous les prédateurs de génie, ça agace Daniel Morin...

La dernière fois que c'est arrivé je m'en souviens comme si c'était hier... C'était hier.

Il était tard, je me promenais dans la rue. J'étais nu, santiags aux pieds... Les réverbères et la lune se disputaient le droit de m'éclairer, et je ne sais pas pourquoi je décidai d'entrer dans un bar. La soif, peut-être...

J'ai assis mon fessier gelé de sprinteur jamaïcain sur le bois chaud d'un des tabourets, j'ai commandé un Malibu-cognac que j'ai siroté en pensant à Roselyne Bachelot...

La porte s'est ouverte et une femme est rentrée. Elle devait avoir la soixantaine, elle portait une petite robe noire en pilou-pilou qui mettait en valeur sa toison blonde ! Elle était âgée, certes, mais elle avait dans les yeux cette petite étincelle qui bien souvent est à l'origine des grands brasiers de luxure...

Je l'ai abordée avec toute la drôlerie qui me caractérise. Je lui dis : « Excuse-moi mamie Nova, mais je crois que tu perds tes bas ! »

Elle n'a rien répondu elle ne m'a même pas regardé, elle a juste émis un soupir de lassitude... Apparemment, elle n'avait aucun sens de l'humour mais qu'importe.

Je lui ai dit : « Doucement, la Bigoudène, tu vas te défaire la coiffe à souffler comme ça... Je suis Daniel Morin et, ce soir, c'est ton jour de chance, petite loutre ridée... Tu n'es plus jeune : tu n'es pas ce qu'on appelle un "poulet de printemps". Tu n'es pas bien belle non plus, mais j'ai envie de dire : "Et alors ?" Est-ce que

tu dois être privée de bonheur pour autant ? Bien sûr que non et je suis même prêt à te le fournir ce bonheur. Oui, tu as bien entendu : Daniel Morin est disposé à consommer du boudin qui a passé la date de péremption ! »
Elle m'a dit : « Dégage blaireau, vas t'acheter un slip ou je crie au viol. »
J'ai dû employer les grands moyens…
Je me suis mis à quatre pattes sur le bar en hurlant à la mort comme le font les grands coyotes chauves du Costa Rica quand ils écoutent du Barry White…
Tel le bison polynésien, j'ai arraché une pleine poignée de poils de mon buste que j'ai jetée à la foule en délire !
Puis comme le veut le rituel chez les teckels géants des faubourgs de Varsovie en période de rut, j'ai uriné sur les pieds des tabourets de bar… Enfin je me suis redressé et j'ai… Et j'ai… Et j'ai…
Ahhh, je sais, c'est pas joli-joli. C'est même pas très fair-play, mais j'ai approché ma bouche de phacochère ougandais à son oreille de musaraigne du Caucase et j'ai chanté la chanson qui les fait toutes craquer sans exception…

(Musique de Seul sur le sable *de Roch Voisine)*

Seul sur le sable les yeux dans l'eau…
Mon rêve était trop beau

Alors là elle est devenue dingue… Elle s'est levée : elle a mis le feu à ses fringues en chantant la *Cucaracha* ! Puis elle s'est cassé un vase sur la tête et s'est mise à hurler : « Vas-y fumier dévaste-moi ! Sois mon tigre du Bengale, sors tes griffes et lacère ma peau fripée de vieille jument nymphomane ! Je suis à toi comme la misère intellectuelle est aux Miss France… Profites-en, grand cormoran, ce soir ma sagesse a pris sa retraite et ma vertu a fugué ! Traite-moi comme une vilaine petite fille négligée ! Humilie-moi comme une chanson française à l'Eurovision ! Mets-moi une trempe, je la mérite… Je suis ta chose, ton objet, ton nonosse, ta paillasse… Vas-y ! »

Je l'ai giflée puis je lui ai fait l'amoooour pendant soixante-treize heures!
Je suis parti en la laissant inconsciente de bonheur…

C'était la première fois que je rencontrais Arielle Dombasle.

Chiquito Chorizo

Invitée : Arielle Dombasle – 17 janvier 2008.
Théâtre : *Don Quichotte contre l'ange bleu.*

Rhaaaaaaaaaaaaaaaaaaaaaaaaaaaaaaaaaaaaaaaaââ !
Rhuuuuuuuuuuuuuuuuuuuuuuuuuuuuuuuûûû ! Arielle Dombasle ! Arielle, si vous saviez à quel point je suis heureux d'être là, à vos côtés…
Ça me fait plaisir qu'on vous ait donné la chance de me voir de si près. Et, même moi, je ne suis pas insensible à cette proximité…
Je suis content comme un chien devant du Frolik.
Excité comme une Manaudou face à un objectif.
Et chaud comme un Sarkozy à Disneyland.
Je suis un concept érogène à moi seul. D'un clin d'œil tes vêtements brûlent. D'un baiser ta vertu se consume. Une étreinte, et ton corps s'embrase.
Je me présente : Daniel Morin, pyromane de l'amour !

Arielle, je vais être franc avec vous, je ne me suis toujours pas remis de votre prestation au Crazy Horse l'année dernière.
Vous m'avez rendu dingue !
Vous, dans vos costumes étendards à l'envie d'être vue nue plus la moiteur de la salle… Mon cœur dansait le calypso. C'est

plus des yeux que j'avais, c'était des warnings. J'avais une boule tellement grosse… en travers de la gorge que j'ai failli commander au barman un Malibu-Destop.
J'avais la mâchoire si serrée qu'un moment les gencives du haut et celles du bas se sont touchées : mes dents étaient rentrées à l'intérieur.
Déjà, votre nom de scène m'avait bousculé le palpitant : Dolorès Sugar Rose !
Oui, ça m'avait bousculé le palpitant et à plus d'un titre, chère Arielle !
Primo, parce que ça fait pseudo de hardeuse portoricaine, et secundo parce que ça me rappelle l'époque où, moi aussi, j'étais un grand du music-hall…
C'était il y a vingt ans à Buenos Aires.
À l'époque, j'étais déjà un dieu pour la population d'Amérique latine… Tous les ans, les couples qui voulaient un enfant faisaient l'amour à la Saint-Daniel. À cette date, les femmes étaient, paraît-il, plus fécondes…
Bref : Daniel Morin était la star d'un show où il évoluait dénudé, tout comme vous, Arielle. Dans un show qui ressemblait au vôtre… Et je ne m'appelais pas Dolorès Sugar Rose, mais Chiquito Chorizo !
J'étais sublime…
Je dansais des flamencos endiablés avec comme seul vêtement un slip fait de peaux de saucisson, d'où mon nom, Chiquito Chorizo !
Peu de gens connaissent les qualités aphrodisiaques de la peau du chorizo, mais c'est explosif…
Au bout d'une heure de spectacle, les peaux chauffaient et une odeur de porc fumé envahissait la salle : les femmes devenaient hystériques et se précipitaient sur la scène pour essayer de me toucher…
Un soir, une Française au regard inexpressif s'est présentée à ma loge et m'a fixé dans les yeux sans rien dire…
Elle, nue, sublime, les effluves de peaux de saucisson toujours présents dans mes narines malgré la douche enivraient tout mon

corps… Je me suis approché d'elle et je lui ai dit: «Je ne sais pas ce qui t'arrive ce soir, petite gazelle au corps qui tremble, mais je te sens comme possédée. Je te sens totalement ivre de désir, tes résistances ont toutes lâché, tu as envie que ton corps s'abandonne aux ordres du mien, tu es sûrement prête à tout abandonner pour un moment de passion brûlante dans mes bras de grand fauve érotique, mon odeur corporelle te rappelle celle de la rosée qui se pose sur les grands lacs du Cambodge à l'heure où les loutres font du stretching face au soleil levant, et dès lors ta vertu se transforme en petite boulette de cendre froide…»
Elle m'a répondu: «Je serai ta chose, ton jouet, ton bilboquet si tu me chantes la chanson des Sept Nains!»
Je lui ai fait l'amour pendant quatre-vingt-treize heures en chantant la chanson demandée…
Elle hurlait: «Vas-y, Bon Dieu! Sois mon passe-partout du vice! Mon grand Schtroumpf de l'humiliation ultime! Mon Playmobil de la saillie sans retenue!»
Puis je suis parti et je l'ai laissée inconsciente de bonheur… C'était la première fois que je rencontrais Carla!

Tout ça pour dire que je connais ce genre de numéro de music-hall que vous avez effectué au Crazy Horse et que c'est d'une sensualité torride…
Le soir où je suis venu, je vous aurais bien attendu pour prendre un drink mais j'étais malheureusement accompagné…
Kate Moss m'avait supplié de l'emmener avec moi et, croyez, je regrette…
Je n'avais d'yeux que pour vous, Arielle… Vous m'aviez ensorcelé par votre beauté… Sur scène Arielle Dombasle à moitié nue, à ma droite Kate Moss à moitié défoncée… En face j'avais le canon, à côté j'avais la poudre!
Enfin, peu importe aujourd'hui, place à l'Ange bleu Daisy Belle, courtisée par ce veinard de Don Quichotte…

Il en a de la chance celui que chanta Brel
D'avoir pour partenaire la bouleversante Arielle

Lui qui voulait atteindre « l'inaccessible étoile »
Rencontre sur les planches la torride Dombasle
L'homme de la Mancha est dur à contrôler
Mais Jérôme Savary n'a point à s'inquiéter
Car même si Don Quichotte les moulins va chasser
Je suis sûr que la pièce engrangera moult blé.

Grand ordonnateur

Invité : Pierre Bergé – 20 mars 2009.
Sidaction.

Pierre Bergé, vous me foutez la trouille !
J'ai épluché la presse vous concernant : pas un seul mot de travers !
Apparemment, on n'a pas envie de se fâcher avec vous !
Eh ben ! c'est pas moi qui vais commencer…
J'ai lu des trucs du style : « Visionnaire, manager d'exception, posture droite et regard vif et santé de fer ! » On dirait qu'on parle de Bernard Tapie !
Enfin, avantage à Bernard quand même : en plus de la santé de fer, il a aussi eu les fers à la prison de la Santé et pas vous !
Jeune homme, vous débarquez à Paris et à dix-huit ans c'est le choc : le « Moi, j'aime le music-hall », le « C'est la danse des canards », la rencontre avec Bernard Buffet ! Coup de foudre humain, artistique et amoureux !
S'en suivent des rencontres extraordinaires avec tous les génies de l'époque, auteurs, peintres, etc., etc., etc.

Imaginez. Imaginez seulement deux secondes, Pierre, que vous tombâtes à l'époque sur le mauvais Buffet ! Vous tombez sur Marie-Georges Buffet !
Ah ben ! Ça aurait pas été le même parcours !

À moins que… À moins que !
Bon. Vous auriez été aux manifs pour l'augmentation des minima sociaux et la diminution du prix du Pernod… Vous auriez aussi été en pèlerinage sur la place Rouge sur une grosse moto genre Mad Marx. Mais un jour le naturel serait revenu au galop !
Vous auriez tout naturellement organisé l'ordre de passage sur le podium de la fête de l'Huma… Vous auriez drivé les leaders de l'époque !

Bon, Georges Marchais, qu'est-ce qu'on a dit
pour les coudes posés sur le pupitre ? Hein ? On les met
pas et on se tient droit, enfin !… Mais tiens-toi droit enfin !
Je sais c'est peu mais c'est un début… Souviens-toi
des paroles du camarade Villepin : « CPE :
mais c'est déjà ça ! » Et c'est quoi cette cravate en laine ?
Je sais bien qu'on est camarades avec les pays de l'Est
mais c'est tout de même pas une raison pour s'habiller
comme un Kosovar !
Je sais pas, moi, un petit veston en cachemire albanais
couleur bleu de travail avec dessous une chemise blanche
en popeline de soie sauvage bolivienne, le tout agrémenté
d'un petit foulard rouge vermillon en satin du Sénégal
et sur la tête une casquette Poulbot coréenne à l'envers
te donnera un côté « rock and roll lutte finale attitude » !
Un côté élégant qui, crois-moi, incitera plus les travailleurs
et leurs femmes à rejoindre la cause…
Non, mais là, excuse-moi, mais on dirait un VRP
de chez Castorama qui monte à la tribune pour demander
si quelqu'un peut lui dire où se trouve la buvette ! On peut
être révolutionnaire mais le faire avec classe et bon goût !
Bon, c'est quoi le programme après les discours ?
Un bal musette !
C'est ça. Et puis quoi encore, Brassens en espadrilles
et en marcel qui vient chanter *La Digue du cul* ? Ahhhh :
c'est prévu juste après !
Non, mais ça va pas les gars ?
Vous allez me virer tous les rougeauds avec leurs
accordéons et me mettre un petit orchestre classique
qui va nous jouer du Mozart !

Souvenez-vous des paroles de la camarade Ève Ruggieri : « Amadeus Mozart c'est du nectar, Yvette Horner c'est qu'du pinard ! »
Il faut être efficaces, les gars, percutants !
Le discours, les fringues, la musique, tout doit être nickel pour faire passer le message. On doit récolter du blé !
C'est comme au foot : ça sert à rien de bien savoir shooter si on marque pas de but ! Rappelez-vous des mots du camarade Diego Maradona : « Bien tirer, c'est beau, mais l'important c'est de la mettre au fond... » Oui, c'est bon, ça va, je sais, c'est Régine qui l'a dit en premier mais peu importe !

Ah ça, le sens de l'organisation quand on l'a dans la peau, on s'en débarrasse pas comme ça !
Alors Bernard ou Marie-Georges, après tout, quelle différence !
Le problème c'est que je n'arrive pas à vous imaginer autrement en fait !... Plus popu, si vous voyez ce que je veux dire !
Dans un article de *Libération* paru le 7 janvier 2002, on parle de vous comme d'un grand ordonnateur comme, par exemple, lors des présentations YSL dans les salons de l'hôtel Intercontinental où d'une main vous pouviez accueillir les VIP, de l'autre chasser les paparazzi et d'une troisième indiquer au maître le chemin du podium pour qu'il aille saluer à la fin du défilé, tout en étant capable d'aller régler la circu rue de Rivoli pour qu'un bus de mannequins puisse se garer !

Eh ben ! cette scène avec un Pierre Bergé style Patrick Sébastien, je la vois pas... Quoique...

Bonsoir ! Salut ! Ça roule les filles ? Catherine Deneuveeeeeee ! Ça biche Cathy ?
Alors, toujours trente-cinq ans ? Deux fois...
Ha, ha, ha ! Mais non, pleure pas, je rigole !
Eh ! Oh ! les paparazzi on recule ! Allez, encore !
Et pas de zoom, on a dit : les VIP aiment pas être photographiés de trop près ! Pour vos gros plans je vous ai mis au bout de la troisième rangée Chimène Badi !

Bon, ça y est, c'est fini, là... Vas-y, Yves,
qu'est-ce que t'attends, va saluer!
Si t'y vas pas, je dis à tout le monde qu'à la maison
tu portes un survêt et des tongs! Ha, ha, tu cours
maintenant!
Ooh, mais elles sont où les autres filles? Elles sont toujours
dans le car? C'est pas vrai!
Eh, oh, monsieur l'agent! Faut arrêter la circulation,
j'ai des filles dans le car moi... En plus dans le tas y a
Kate Moss! Si jamais elle rentre pas à l'hôtel maintenant,
moi, je vous le dis, dans cinq minutes elle est à quatre
pattes rue de Rivoli en train de renifler la ligne blanche
jusqu'au Châtelet!

Non, c'est pas votre style.

Éléphants, saris et gros rouge

Invitée : Martine Aubry – 17 octobre 2006.
Opération Lille 3000.

Oooh ! bon sang qu'est-ce que vous me plaisez, Martine, c'est insupportable !
Non et puis ça va bien au-delà de ce que vous avez pu accomplir politiquement ! C'est aussi cette joie de vivre que vous donnez sans compter : vos yeux, vos cheveux…
Enfin, bref, faut que je me calme !
Hum hum !

Martine Aubry, bonjour !
C'est pour moi un privilège de me trouver à vos côtés. En effet, cela fait longtemps, très longtemps, trop longtemps que j'avais envie de vous rencontrer et ce même si vous êtes à l'origine d'une catastrophe professionnelle qui m'a touché de plein fouet : le passage obligatoire aux trente-cinq heures de travail hebdomadaire…
Jamais on ne m'avait obligé à travailler autant !
Martine Aubry, merci de nous accueillir ici à Lille !
Lille, superbe ville du nord de la France que je ne connaissais pas !

Pour moi le Nord c'était une région victime de clichés où, comme le dit Enrico, «les femmes ont dans les yeux le soleil qu'elles n'ont pas dehors» et comme le disait Renaud «les hommes dans les veines le taux d'alcool qui les rend forts»!
Mais je me suis vite aperçu que tout ceci n'était que calomnies.
Si quelquefois les verres s'entrechoquent c'est, j'en suis sûr, dans un unique souci de convivialité!
Et qu'est-ce que vous êtes conviviaux!
La nuit dernière avec quelques collègues du service public nous sommes allés en vadrouille dans votre ville... Jamais j'ai picolé comme ça!

(Musique de Marie *de Johnny Hallyday)*

Oh Martine si tu savais
La gueule de bois que j'me paie
Oh Martine si tu pouvais
Une aspirine me donner!

Apéro quarante pastis
Résultat trois personnes s'évanouissent
Au repas trente litres de rouge
Au dessert c'est tout l'resto qui bouge

Jamais je n'avais pris une cuite pareille
J'ai vu des femmes habillées en Indiennes
J'ai croisé un éléphant dans la rue
J'ai cru qu'c'était Pierre Mauroy au début

Who ho ho ho...

Oh Martine si tu savais
Hier soir comme j'étais fait
Oh Martine si j'avais pu
Cette nuit vomir tout c'que j'ai bu.

Et puis ce matin j'ai compris qu'en fait je n'étais pas victime d'hallucinations !
Il y a bien des éléphants dans les rues de Lille et des femmes habillées en sari mais pour une bonne raison : c'est pour votre événement Lille 3 000. Belle initiative Martine. Je suis sûr que la ville est ravie. Par ailleurs je...
Oooh ! Martine !
Si vous voulez on peut partir en Inde tous les deux comme ça, à la Zidane, sur un coup de tête !
On apprendra à mieux se connaître au bout du monde pour briser ces barrières idiotes qui nous retiennent en France !

Oh Martine s'il te plaît
Viens avec moi à Bombay
Oh Martine je s'rai pour toi
Le plus grand des maharadjahs

Dans le Gange on se baignera
Au milieu des cadavres et des rats
Tu seras ma vache sacrée
La meilleure herbe j'te f'rai brouter

Après je t'emmènerai à Calcutta
Pour rendre hommage à mère Teresa
Je t'offrirai un p'tit lépreux
On l'épluchera en amoureux

Who ho ho ho...

Oh Martine j'ai trop envie
Qu'on s'installe à New Delhi
Oh Martine notre vie
S'rait faite d'amour et
D'poulet au curry !

En tout cas, merci Martine pour le dépaysement...
Qui aurait pu croire qu'au Nord on vit des éléphants?
Lille pendant trois mois sera ville protégée
Par trois divinités au visage momifié
Je parle de Brahma, de Shiva, de Vishnou
À Paris nos momies, c'est Régine et Michou
Alors la récompense doit être à la mesure
Figée dans le béton résistant à l'usure
Si Hollywood Boulevard a retenu Grace Kelly
Sur Bo-Lille-wood trottoir, signons Martine Aubry!

Quand la mer monte

Invitée : Maud Fontenoy – 11 décembre 2008.
Livre : *Les Contes de la mer.*

Rhaaaââ Mauddddddddddddddd ! Enfin je vous rencontre, petite sirène au cœur vaillant et au corps de rêve qui m'avez fait rêver sur votre monocoque, moi qui n'avais connu que les staphylocoques !
Votre traversée m'a ému aux larmes, Maud. Tous les jours devant les infos, j'avais les larmes aux yeux, partagé entre la peur que les eaux n'aient raison de vous et la joie de vous savoir plus que jamais en route vers l'exploit !
Un exploit auquel je vais rendre hommage au cours de ma chronique et de façon chronologique…
Maud, premier jour à bord du bateau : tout va bien !

La mer
J'en ai rêvé maint'nant je suis si fière
En route vers l'aventure
La mer
Merveille si pure
Tu es ma vieeee !

Ahhhhh, qu'est-ce je n'aurais pas donné pour vous accompagner sur votre bateau, Maud… Vous et moi, on aurait été bien, à l'abri du regard des autres…
Je vois ça d'ici…
Nous aurions fait corps avec le navire et les éléments… Toi et moi, Maud, complètement nus face à la nature tantôt paisible tantôt déchaînée…
Toi cramponnée à la barre comme Brigitte Lahaie à la grande époque et moi en digne héritier de l'amiral Michou tirant sur le grand phoque, nous aurions fait une équipe du feu de Dieu !
Oh ! bien sûr nous aurions traversé des moments difficiles, mais j'aurais su trouver les mots pour te rendre le sourire, avec notamment mes meilleures blagues marines comme celle-ci : « Eh, on a retrouvé Tabarly… dans une boîte de crabe ! »
Oui, enfin, celle-là ou d'autres, j'en ai plein…
En cas de danger, j'aurais pu…

(Intervention musique)

Ah oui, pardon, j'oubliais l'hommage à la traversée…
Maud, quarantième jour de bateau : c'est plus dur que prévu !

La mer
Qu'est-ce que c'est bio
J'ai perdu trente kilos
Je voudrais un Big Mac
La mer
Oui j'en ai ma claque
Des sushis !

Où j'en étais moi ?
Ah oui, « en cas de danger ». En cas de danger, j'aurais été là pour te défendre tel le grand chimpanzé savoyard qui veille sur sa guenon effrayée par la marmotte carnivore !

J'aurais été en haut du mât provoquer en duel les plus grands albatros kamikazes, connus pour porter des bandeaux rouges autour du crâne et se jeter bec en avant dans les voiles…
J'aurais plongé sans réfléchir dans les abysses pour faire des nœuds aux tentacules des calamars géants connus pour ralentir les bateaux en s'accrochant à eux pour faire du ski nautique !
Je me serais dressé face aux vagues scélérates, véritables murs d'eaux hostiles en leur criant de façon humiliante : « Aaah ! je t'attendais, la flotte ! C'est l'heure du pastis ! Ha ha ha ! »
Bien sûr, quelquefois le vent nous aurait fait défaut et là…

(Intervention musique)

Rohhhhh c'est bon, ça va, j'y vais…
Maud soixante-quinzième jour de bateau : ça se gâte !

La mer
Au début c'est sympa, après c'est la galère
J'ai du plancton plein l'slip
La mer
C'est pas hygiénique
Ça suffit !

On en était à « le vent nous aurait fait défaut » ! Le vent nous aurait fait défaut, mais j'aurais su te donner du courage en te chantant les plus beaux airs esclavagistes pendant que tu aurais ramé !
Rames que j'aurais utilisées sauvagement pour que tu ne sois pas retardée en fracassant les doigts et les têtes des hordes mal nourries mais féroces des boat people et autres clandestins à la dérive !
Et puis bien sûr, Maud… De façon aussi invariable que deux et deux font quatre, de façon aussi inévitable qu'on entend toujours la belette après le loup et le renard, nous nous serions rapprochés et…

(Intervention musique)

Rohhhhh merde c'est pas vrai ! OK, j'y vais…
Maud cent dix-neuvième jour de bateau : c'est l'enfer !

La mer
C'est trop pourri,
J'veux r'tourner sur la terre
J'ai pris l'mât sur la trombine
Maint'nant
J'ressemble à Régine
J'veux mourir !

J'en étais àààààà… Ah oui !… Nous nous serions rapprochés et, dans le grand tourbillon de la passion, nous nous serions aimés comme savent le faire les loutres kosovares quand elles savent que la fin est proche et qu'il ne faut plus perdre de temps ni avoir de retenue au chapitre du plaisir…
J'aurais mis ma plus belle tenue de circonstance, celle du Cap'tain Igloo, puis je l'aurais arrachée sous ton regard aussi effrayé que gourmand pour laisser apparaître au monde brut et à ses flots sauvages mon corps de Poséidon !
Et là…

(Musique de La Foule *de Piaf)*

Emportés par la houle qui nous traîne
Nous entraîne
Écrasés l'un contre l'autre
Nous ne formons qu'un seul corps
Et le flot sans effort
Nous pousse, enchaînés l'un à l'autre
Et nous laisse tous deux
Épanouis, enivrés et heureux.

Tout ça sous les yeux médusés de méduses voyeuses qui pour l'occasion seraient sorties du bain pour accompagner nos ébats

au rythme lancinant du claquement de leurs bras mous sur la coque dure du navire, théâtre de notre plaisir, sanctuaire de notre abandon, cercueil de notre retenue...
Puis tout au Sud nous atteindrons le zénith du plaisir en laissant s'échapper nos râles et autres hurlements dont l'intensité fendra les glaces et fera taire les quarantièmes rugissants!
Après tu retireras tes ongles enfoncés dans mon dos et tes dents plantées dans ma clavicule...
Et j'irai fumer une clope à l'avant du bateau, à poil, en sifflant du Herbert Léonard...
J'aime être nu quand je siffle du classique...
Puis on mangera un Babybel et...

(Intervention musique)

Rohhhhh ça va, j'ai compris je conclus!... Maud dernier jour de bateau: la délivrance!

La mer
J'veux plus y aller même pas pour une croisière
J'le jure sur la tête de
Ma mère
Maintenant j'vais faire
Du camping!

Fête des voisines

Invité : Yves Coppens – 27 mai 2009.
Livre : *Le Présent du passé*.

Ahhhh, ça, on peut dire qu'on est dans une drôle de période d'intolérance…
Heureusement qu'il y a encore des pays qui ont le courage de sortir du lot.
En Angleterre, le public a voté pour qu'une personne différente des standards soit en finale de l'équivalent de *La Nouvelle Star*. Une femme qui n'a rien à voir avec les classiques de la chanson pop qui veulent que pour réussir on ait… un physique de stagiaire esthéticienne option strip-tease, une cervelle de toiletteuse à caniche décédé et une libido d'attachée de presse nymphomane !
La finaliste en question, c'est Suzan Boyle. Allez jeter un œil sur le Net vous la reconnaîtrez vite :
Elle est habillée comme Maïté.
Elle a la tête de Bernard Tapie.
Les cheveux de Nelson Monfort.
Les sourcils d'Henri Emmanuelli.
Et la moustache de Magnum. Vous ne pouvez pas la rater !
Eh ben tant mieux : vive la différence !

Bon, à part ça, j'espère que vous avez tous joué le jeu hier soir…
C'était la fête des voisins ou bien encore Immeuble en fête. Le grand moment de fraternité où on apprend à se connaître, même quand on veut pas.
Moi, hier soir, j'étais tranquille chez moi à visionner le DVD que Stéphane m'avait prêté et que j'avais ordre de regarder. Le film était un reportage tourné à la gloire de Stéphane où on le voit nu dans le parc de sa résidence parisienne en train de courir au ralenti sur la musique du *Sacre du printemps*. Puis prendre une douche versée par ses douze esclaves qui, chacun leur tour, vident sur leur maître une amphore d'eau chaude parfumée aux extraits naturels de kiwi monégasque !
Le film a pour titre : *Moi, Stéphane, un génie qui sait faire corps avec la nature.*
Un très beau film. Un peu long. Sept heures, quand même… Mais enfin bon c'est comme ça… J'en étais à la cinquième heure de visionnage, au moment où Stéphane regarde langoureusement le reflet de son visage dans l'eau de son lac privé, quand on sonne à ma porte…
C'était ma voisine du dessus, madame Crevure, âgée de soixante-quinze ans et veuve depuis soixante printemps ! Là, j'essaie de lui faire comprendre que je suis occupé…
– Bonjour, madame Crevure, je suis désolé mais je n'ai pas le temps aujourd'hui. Je sais que vous vous sentez seule et que la présence d'un homme vous manque cruellement depuis soixante ans, mais malheureusement c'est la vie. D'ailleurs, la semaine dernière nous n'aurions pas dû faire ce que vous savez ! Votre détresse m'avait touché, vous faites très bien la camomille au gingembre mais ce n'est pas une raison. Je suis pas l'abbé Pierre des exclues de la richesse affective !
– Mais je ne viens pas pour la bagatelle, cher ami ! Je vous invite à venir dans la cour participer à Immeuble en fête ! Regardez, j'ai fait une belle salade de riz ! Si vous pouviez m'aider à la descendre, ce serait gentil…

Vu ce que je venais de balancer à cette pauvre madame Crevure, je me suis senti obligé de l'accompagner !
C'était l'enfer : toutes les vingt minutes, madame Crevure venait remplir mon assiette avec son riz froid trop cuit et en alternance mais toutes les dix minutes, la colocataire du troisième, Yvette Fort-de-France, me servait son punch maison…
Inutile de vous dire qu'au bout de deux heures j'étais raide bourré. Je titubais dans la cour en crachant des grains de riz partout !
J'ai eu deux ou trois altercations, bien entendu, notamment avec une jeune femme qui est venue vers moi tout sourire, un pichet dans la main droite et des gobelets dans la gauche.
– Bonsoir, bonsoir ! Je suis mademoiselle Laquiche. Je suis nouvelle dans l'immeuble… Acceptez-vous de boire avec moi la limonade de l'amitié ?
– Dégage, Laquiche ! Fous-moi le camp ! J'en ai rien à foutre de ta limonade pourrie !
– Oh, doux Jésus, mais vous êtes odieux !
– Et toi t'es moche, Laquiche ! Je te préviens, si jamais je te croise dans l'immeuble, je te crucifie à la porte du garage à vélos !
Laquiche est partie en hurlant au secours et je me suis endormi sur le capot d'une Kangoo…
Quand je me suis réveillé, j'ai pas reconnu ma chambre !
C'est en regardant autour de moi que j'ai compris avec dépit où j'avais fini la nuit, en voyant sur le sol une guêpière Damart et sur la table de nuit deux tasses qui sentaient fort le gingembre…

Nique nique

Invitée : Cécile de France – 29 avril 2009.
Film : *Sœur sourire.*

Allez, on commence d'entrée avec l'actualité de notre invitée…
Invitée venue pour nous parler de la merveilleuse histoire de *Sœur Sourire*… J'espère Cécile que vous allez nous chanter cette sublime chanson *Dominique machin machin.*
Quelle drôle de chanson, tout de même… Surtout dans la bouche d'une religieuse. Ça doit être la musique !
Ça m'a chiffonné cette affaire… Non parce que j'ai essayé les paroles sur d'autres airs pour voir. Eh ben ça le fait carrément !

(Musique de La Dernière Séance *d'Eddy Mitchell)*

Dominique, nique, nique,
S'en allait tout simplement,
Routier, pauvre et chantant
Nique Dominique nique
En tous chemins, en tous lieux,
Il ne parle que du Bon Dieu,
Dominique nique nique
Nique nique nique Do
Dominique ne parle que du Bon Dieu

C'est pas mal comme ça non ? Bon, on y reviendra plus tard… Parlons maintenant de l'actualité brûlante. C'est la panique, c'est la psychose, la grippe du porc se propage… Enfin faut pas exagérer non plus : c'est pas si dangereux que ça. Moi, dans ma région natale, le Sud-Ouest, y en a certains qui cultivent le virus pour le vendre aux familles dans les villages !
C'est une vieille tradition. Dans les familles nombreuses qui n'ont pas beaucoup d'argent, on fait contaminer le plus débile des enfants à la grippe porcine pour qu'il trouve des truffes !

Ce qu'il y a de drôle dans ce genre de situation de panique, c'est que c'est précisément à ce moment-là qu'on fait des boulettes qu'on fait pas d'habitude !
Exemple, avant-hier en Suisse : un responsable de laboratoire transportait en train des échantillons du virus de la grippe pour les faire analyser ailleurs !
Pendant tout le voyage il a dû se dire : « Faut pas que je les fasse tomber, faut pas que je les fasse tomber. »
Résultat : on ne sait pas pourquoi mais pendant le voyage le type ouvre la boîte, tout pète et ça éclabousse plusieurs passagers…
On leur a dit que c'était pas grave mais quand même, y a des gens en combinaison intégrale qui les attendaient à la gare suivante…
Vous me direz, c'est en Suisse. OK, mais quand même, y aurait pu y avoir des Français !

Désolé, Cécile, mais cette histoire de chanson me travaille toujours.
On va encore essayer avec une autre musique… Un truc langoureux qui a fait ses preuves… Oh, qu'est-ce que j'ai pu choper là-dessus !

*(Musique d'*Hélène *de Roch Voisine)*

Dominique, nique
Nique : nique's'en allait tout simplement,

Routier, pauvre nique et nique chantant
Ho Dominique nique han han
En tous chemins, et en tous lieux,
Il ne parle que du Bon Dieu…

Aaahh, on se rapproche ! On y est presque, là, au niveau émotion !
Non, OK, c'est pas génialissime… On y reviendra plus tard. Poursuivons avec la grippe porcine…
Alors apparemment ce virus vient d'un porc, c'est sûr. Mais pas de n'importe quel porc ! J'ai suivi son parcours, c'est pas un porc ordinaire. C'est Piggy la poisse ! Scoumoune Pig !
Figurez-vous qu'il aurait développé ce nouveau virus en attrapant à la fois la grippe humaine et la grippe du poulet…
Jouer à ce point de malchance, c'est digne de Pierre Richard : c'est pas un porc, c'est la chèvre !
Un phénomène, ce cochon-là…
Maintenant, il lui manque plus que la tremblante du mouton, la maladie de la vache folle et la culotte de cheval !
Pour être honnête, cette histoire de grippe porcine, même si c'est embêtant, c'est pas si terrible que ça et heureusement… Bon, Cécile, je lâche pas l'affaire avec la chanson de *Sœur Sourire* !
Nouvelle tentative : plus festive cette fois…

(Musique de Le Lundi au soleil *de Claude François)*

Dominique, nique,
Nique Nique nique
S'en allait tout simplement
Routier, pauvre
Nique nique nique nique
Routier pauvre et puis chantant
En tous chemins, en tous lieux,
Il ne parle que du Bon Dieu,
Il ne parle que du Bon Dieu

Ah, ben là je crois qu'on tient un truc… C'est pas que j'aie quoi que ce soit contre la musique de *Sœur Sourire* mais ça pourrait vous ruiner n'importe quel chef-d'œuvre… Prenez un tube destiné à célébrer l'amour, comme une chanson de Johnny avec la musique de *Sœur Sourire*, ça va plus du tout…

(Musique de Dominique nique nique*)*

Que je t'aime, que je t'aime
Que je t'aime, que je t'aime,
Que je t'aime, que je t'aime

Ah ! ben non. Finalement c'est bien aussi !

Un soir au bord du Rio Grande

INVITÉE : MICHELINE PRESLE – 1er FÉVRIER 2007.
Livre : *Di(s)gressions.*

Ahhhhhhhh Micheline !
Hunnnnnnnnnnnnnn !
Hinnhh !
Il faut que je vous avoue, Micheline, que cela fait longtemps, très longtemps, trop longtemps que j'attends ce moment-là !
Celui où je suis assis à vos côtés, à environ un mètre...
Un mètre qui me sépare de vous, ce qui n'est rien mais encore trop...
Car il faut que je vous le confesse, Micheline, vous me plaisez énormément !
J'ai pour vous ce que l'on appelle une passion : je vous kiffe !
Vous êtes de ces actrices de caractère qui font passer l'émotion avec un geste ou un regard... Une simple ondulation de rétine ou une hésitation de la main nous font avec vous changer d'ambiance ou d'intention !
C'est pas comme avec ces nouvelles générations qui se croient obligées de brailler comme des dindes avant Noël et d'onduler

du croupion comme des poules de Saint-Valentin pour être crédibles !
Ces filles qui ont le talent que veulent bien leur prêter leurs fesses : fesses qu'elles fourreautent de quelques mètres de soie au mois de mai à Cannes pour aller glousser sur les marches d'un palais des festivals construit de parpaings aussi creux que leur esprit et ce dans l'unique espoir de faire sortir de façon impudique les zooms complices de photographes à la solde de magazines qui, pendant les cinquante autres semaines de l'année, sont leurs pires ennemis parce qu'ils les montrent à Paris en tenue de jogging en train de rouler des pelles adultérines sous des porches haussmanniens ou dans des Porsche de crétins !
Je vous prie de bien vouloir m'excuser, Micheline, je m'emporte et c'est mal.
Micheline, si vous êtes là, c'est entre autres pour votre livre.
Alors, bien sûr je me suis précipité dessus et, là, qu'est-ce que je découvre ? C'est un livre d'entretiens avec un jeune homme écrivain, journaliste, dans le cadre feutré de votre salon !
Mais enfin quand on a la chance de pouvoir s'entretenir avec Micheline Presle, on ne reste pas dans un salon, Bon Dieu !
On fout le camp avec la belle sous le bras !
Moi, Micheline, je vous aurais réservé un meilleur sort, croyez-moi !
Nous aurions pris l'avion les yeux fermés. Destination inconnue car avec vous peu importe l'endroit, l'aventure est au rendez-vous j'en suis sûr !
On aurait atterri à Mulhouse...
Bon. On aurait pris un autre avion parce que Mulhouse, faut pas déconner non plus !
Destination l'Amérique !
L'Amérique que tu as connue avec ton mari Bill !
Oui, on va se tutoyer maintenant, Micheline...
Ça y est, je nous sens très proches d'un seul coup !
Je reprends...
On débarque en Amérique ! Amérique où tu fréquentais les stars de Hollywood !

J'ai même lu que tu avais vu pour leur premier numéro sur scène Dean Martin et Jerry Lewis dans le cabaret appelé le Ciro's !
Avec moi pas de Dean Martin ni de Jerry Lewis mais, pour ce qui est de la cirrhose, je m'occupe de tout...
On aurait découvert une autre Amérique : la vraie celle des pionniers et des grands espaces !
Je t'aurais emmenée dans un ranch au Texas et on aurait volé deux canassons pour traverser le Far West, moi déguisé en John Wayne et toi en Paris Hilton...
Hiiiii haaaaaa !
Je vois la scène d'ici !
Moi le regard mi-clos à cause du soleil couchant qui viendrait brûler mes pupilles déjà dilatées par amour pour toi, les dents serrées sur mon cigarillo style Clint Eastwood, les fesses en feu à cause des deux cents kilomètres qu'on vient de faire et peut-être aussi parce que j'ai mis ma selle à l'envers et que je suis assis sur le pommeau !
Toi, l'œil vif et perdu à la fois sur l'horizon en train de te demander si ce n'est pas folie de t'aventurer avec moi sur ses sentiers peu empruntés et hostiles...
Sentiers qui, sous le coup de ton imagination débordante, pourraient cacher des hordes de Peaux-Rouges hostiles et sanguinaires dont l'unique but serait de ravager nos corps et de les offrir en pâture aux crotales !
Mais d'un rapide coup d'œil tu parcours les courbes de mon corps et t'aperçois avec soulagement qu'il est couvert d'un tissu musculaire aussi épais et vaillant que celui du grand puma du Colorado !
Pour toi ça ne fait aucun doute, je pourrais mettre en déroute les hordes des chefs indiens dont les noms aussi colorés que variés inspirent la crainte...
Et c'est vrai que je ne crains personne : je les aurais tous anéantis, aussi prestigieux soient leurs noms. Moi, ils ne m'impressionnent pas les Sitting Bull, Petit Renard, Poule qui chante, Pieds qui puent, Couilles de loup ou Mouche qui pète !

Le soir près du Rio Grande, tu m'aurais raconté ta vie en faisant cuire une vache à la broche !
Après ce retour aux éléments bruts et sauvages, on serait rentrés à Paris !
Et là je peux te dire qu'on aurait écrit un sacré livre de souvenirs, Micheline !
Micheline au Far West, aux éditions Buffalo Grill ! On aurait fait un carton !
Malheureusement pour moi et peut-être heureusement pour vous, ça ne s'est pas fait Micheline !
Alors si tu veux mieux connaître une de nos plus grandes actrices, camarade auditeur du service public, précipite-toi sur son livre...
Oui, Micheline, finalement je pense que vous avez bien fait de dire oui à *Di(s) gressions*. Ma version aurait sûrement manqué de *Di(s) crétion* !

Je me sens Léonard...

Invitée : Michèle Morgan – 25 février 2009.
Expo de ses peintures.

Rhaaaaaaaaaaaaaaaââââ, Michèle Morgan
Difficile de faire homme plus heureux que moi en ce jour béni où enfin la chance sourit !
La chance pour vous enfin de me rencontrer !
Michèle, j'ai le plaisir de vous annoncer que, pour tout ce que vous faites pour l'art français, vous allez avoir le droit de passer une soirée avec moi...
Ne me remerciez pas. Ne pleurez pas. Ne rentrez pas en transe. Ne faites pas de convulsions. Ne mordez pas la table... C'est un cadeau que Stéphane tenait à vous faire et, en plus, ça me fait plaisir !
Néanmoins, j'espère que vous mesurez toute l'ampleur d'un tel présent...
Je ne suis pas n'importe qui.
Je me présente : Daniel Morin, défricheur de félicité !
Michèle, vous êtes là pour parler de vos peintures, eh bien, sachez que moi aussi à mes heures perdues je taquine le pinceau !
Ce n'est pas un travail professionnel, bien sûr : c'est simplement d'une époustouflante inspiration et d'un génie quasi épileptique de justesse...

Michèle, quand je vous vois j'ai envie de vous peindre. Je me sens Léonard devant la Joconde.
Je me sens Michelangelo allongé nu sur son échafaudage sous le plafond de la Sixtine.
Je me sens Botticelli face à Vénus.
C'est un sentiment que je ressens rarement, vous savez... La dernière fois qu'une femme m'a inspiré, c'était Régine. Je me sentais Picasso face à Guernica.
Je vais vous peindre Michèle.
Je vais peindre vos yeux de façon hypnotique, vos yeux qui ont exactement le même bleu que celui des mers pures et glacées dans lesquelles je vais baigner mon corps de guépard transgénique afin que ce dernier garde ce galbe inimitable de créature divine faite pour l'amour...
Je vais aussi peindre la douceur de votre visage et la grâce de votre présence !
Je vais peindre comme un fou, comme un roi, comme une star de cinéma.
Je vais peindre passion, je vais peindre émotion, je vais peindre frisson, je vais peindre en caleçon !
Pour conclure je vais à présent vous alexandriniser :

Vous êtes prudente Michèle : vous vous diversifiez
Vous n'mettez pas vos œufs dans le même panier
Premier œuf, la peinture, deuxième œuf, le ciné
Deux approches de la toile brillamment maîtrisées
Permettez-moi maint'nant afin de vous saluer
De vous dire, chère Michèle « T'as de beaux œufs tu sais ! »

Bruelmania

INVITÉ : PATRICK BRUEL – 20 MARS 2006.
CD : *Des souvenirs devant.*

Patrick Bruel, vous avez tapé dans l'œil du public il y a vingt-huit ans dans le film *Le Coup de Sirocco*…
Histoire de me rafraîchir la mémoire, j'ai été louer le film à un distributeur vidéo en service toute la nuit. Malheureusement, le distributeur en bas de chez moi doit être légèrement dyslexique. Une fois chez moi j'ai mis le film en route et me suis retrouvé non pas avec *Le Coup de sirocco* mais avec *Si Rocco te met un coup* !
Excellent film par ailleurs mais dans lequel je ne vous ai pas vu… Et pourtant croyez-moi j'ai cherché : j'ai regardé le film trois fois !

1978 donc, coup d'envoi pour une vie de rêve partagée entre planches de scène et plateaux de cinéma… Et puis bien sûr : ahhhhhhh, la Bruelmania !

Bruelmania : nom propre qui désigne une maladie surgie à la fin des années 80 et qui définit un état de transe proche de l'épilepsie chez les individus de sexe féminin, période adolescence, qui, une fois atteints du mal, se transforment en femelles lubriques ! Les premiers symptômes sont de fortes poussées de transpiration, souvent suivies de hurlements où la voyelle i est exagérément prononcée. Par la suite la malade tombe soit dans le coma, soit s'allonge au sol et se met à parler latin à l'envers au milieu de crises de vomissements violents accompagnées parfois de flatulences.

Que devient une Bruelmaniaque ?
Généralement la Bruelmaniaque a du mal à s'en sortir. Elle se retrouve, dans 99 % des cas, en état d'échec scolaire. Une cure de désintoxication est la plupart du temps recommandée. Pour cela il faut l'envoyer au centre Yves-Duteil, centre où l'on croise des malades aux yeux cernés tournant en rond autour d'un petit pont de bois en marmonnant « j'ai la guitare qui me démange ».
Une fois « clean », la bruelmaniaque tente de se réinsérer dans la société en exerçant des métiers peu qualifiés, style promeneuse de vieux, toiletteuse de chiens ou vice versa (le toilettage des vieux étant un métier que je ne saurais qu'encourager surtout avec l'arrivée du printemps et de la température qui augmente !).
Souvent la Bruelmaniaque en âge de se marier va naturellement vers des hommes qui ont la coupe de cheveux de leur idole de l'époque... Le style « Gypsy King footballeur argentin vendeur de voitures d'occasion barman niçois plombier marseillais » !
Il est vrai, Patrick, que votre tignasse de l'époque faisait partie du personnage et de l'hystérie qu'il entraînait !
Je vous signale quand même que l'anagramme de « Patrick Bruel » c'est « Carpet Lubrik » !
Attention, je ne limite pas votre succès à votre épaisseur capillaire, Patrick... Ooh, non ! Vos textes avaient du sens !
J'ai encore et toujours bien présents à l'esprit les mots sublimes de la grande comédienne Brigitte Lahaie ! Magnifique Brigitte qui disait : « Ce n'est pas la touffe qui fait l'artiste, c'est ce qu'il y a dessous. »
Mais c'est fini tout ça maintenant. Terminée, l'hystérie collective dans vos concerts ! Votre portrait ne trône plus dans les écoles d'apprenties coiffeuses qui révisaient la « minivague »

et le brushing, le regard perdu dans vos grands yeux couleur promesses, tout en malaxant de façon fébrile dans leurs mains moites un gros bigoudi !
Vous n'êtes plus ce séduisant éphèbe natif du taureau qui à su séduire toute une génération de génisses devenues vaches folles…
Terminées, vos soirées, accoudé à la balustrade de votre balcon de Neuilly et sa vue imprenable sur le bois de Boulogne qui vous a inspiré vos chansons brésiliennes !
Finies, les soirées dans les boîtes branchouilles du show-biz où le champagne coule à torrents et où l'expression « se poudrer le nez » n'a rien à voir avec le maquillage…
Exit l'enfer du jeu et vos virées à Las Vegas !

Las Vegas : ville du péché où pousse le malheur malgré ses filles de joie, où l'on espère repartir les mains pleines grâce au bandit manchot. Ville assassine remplie de casinos qui mettent moins de temps à plumer les pigeons que le H5N1, ville remplie de chapelles de la honte qui vous marient plus vite qu'une saillie d'adolescent précoce, avec en fond sonore et comme témoin un sosie d'Elvis qui ressemble plus à Régine qu'au King, ville qui comme unique attraction vous propose les décibels insupportables d'une Québécoise anorexique surnommée Céline, pour être sûr que vous reveniez le plus vite possible à la table de jeux ! Ville où une fois lessivé vous remontez dans votre chambre d'hôtel avec, comme unique compagnie, une camarade de poker qui au moment de l'extase se met à hurler : « Vas-y mon marcassin lubrique ! Pour toi ce soir c'est banco ! Fais-moi sauter la banque, Al Capone ! Allez grand full, fais voir ta paire et mets-moi la reine au carré ! Déchire-moi le trèfle, pique-moi le cœur et laisse-moi sur le carreau ! »

Tout ça, c'est terminéééé !

Aujourd'hui, cher Patrick, votre vie c'n'est plus ça
Maintenant il y a Oscar, Léon et Amanda

Dans votre ultime album, on vous sent plus posé
Même si le cœur est là on entend moins crier
Vous évoquez l'amour, l'injustice, même l'enfance
C'est beau ce que vous dites : on dirait du Miss France
Et ce dernier CD le voilà dans les bacs
Ça doit foutre la trouille : on doit avoir le trac
Aujourd'hui c'est l'printemps : prions la sainte Madone
Pour qu'il plaise au public et que les ventes bourgeonnent.

L'étalon de Trégastel

Invité : Patrick Poivre d'Arvor – 14 mai 2008.
Livre : *Horizons lointains.*

Ahhhh, Patrick Poivre d'Arvor !
Séducteur au panthéon des Casanova, Delon, Valentino, Matt Pokora, Mitterrand, Émile Louis et autres Dom Juan !
Énigmatique comme le hibou moldave,
Rusé comme la hyène suédoise,
Le regard malicieux du castor berbère !
Et sa voix : cette voix qui depuis trente ans nous berce au son si particulier de son timbre situé à mi-chemin entre la tonalité d'un adolescent léthargique et celle d'un vieillard atteint de sinusite chronique !
Il peut vous foudroyer de la greluche à cent mètres !
Et, ça, c'est sans évoquer son physique !
Ahhh, le corps du Patoche !
La silhouette gracieuse et féline à la fois du guépard andalou qui en une fraction de seconde, peut déployer ses longs segments antérieurs fuselés poussés par la pression quasi extraterrestre de ses fessiers tétanisés de muscles !
Ahhhh ! y a pas à dire il est bien gaulé, le fennec !
Rappelez-vous il n'y a pas si longtemps de cette photo à la une de *VSD* où l'on voit le Patrick torse nu marcher de façon légèrement nonchalante sur la plage...

La classe, avec son bermuda, sa petite mèche légèrement balayée par le vent et sa veste sur l'épaule !
Tu remplaces tout ça par un brushing de proxénète varois, des claquettes de maître nageur seine-et-marnais et un petit moule burnes tout rouge, c'est *Alerte à Malibu* !
Sauf que Malibu, c'est pas sa tasse de thé à Patrick !
Non, Patrick c'est le mystère des côtes austères mais généreuses à la fois de sa Bretagne chérie. Région difficile et attachante en même temps : terre où l'Atlantique à bout de souffle vient frapper comme un sourd à ses flancs de granit rose ! Terre où en automne il fait 5 degrés, en hiver 2 degrés, au printemps 4 degrés et où en été il pleut !
C'est dur la Bretagne, très dur !
Pour illustrer mon propos, je citerai ceux de la philosophe météorologue Évelyne Dhéliat qui disait de la Bretagne : « Là-bas il fait tellement froid que même les poissons se caillent le cul. »
Bretagne, terre où les femmes ont comme ennemie jurée la mer !
Cette maîtresse au regard bleu qui, les soirs de tempête, fait monter l'écume à ses lèvres et qui peut à tout moment, si elle le veut, engloutir d'une vague scélérate la modeste coque de noix à l'intérieur de laquelle se trouve celui à qui elle les brise depuis vingt ans, son mari !
Homme courageux, fidèle jusqu'à la mort à ces liquides existentiels... L'océan le jour et le pinard la nuit !
Eh bien, c'est là qu'il se ressource l'animal !

Bon, en même temps, c'est clair que maintenant, vu le notable qu'il est devenu, pour lui c'est tout bénéf d'aller en Bretagne. Les femmes du cru sont dingues de lui, vous imaginez bien !
Là-bas on l'appelle « L'étalon de Trégastel » !
D'ailleurs pour vous prouver que je ne dis pas de bêtises je vais vous interpréter une chanson que les veuves du cru aiment à chanter nues, au pied des falaises, le corps recouvert de varech quand Patrick est dans le coin.

Vas-y, viens-là, Patrick, viens donc un peu nous voir
Si tu couches avec nous on te donnera à boire
Et si tu veux faire le fou
On te jouera du biniou !
Vas-y, viens-là, d'Arvor, viens voir les Bigoudènes
On a acheté du cuir, du latex et des chaînes
Et si tu veux faire la fête
On te fera des galettes
Na na na na na na
Na na na na na nèreeee !

Bon, il reste quatre-vingt-seize couplets, mais je vais en rester là de la chanson si vous n'y voyez pas d'inconvénient.

Fou de jalousie

Invitée : Régine – 13 mars 2009.
CD : *Régine's Duets.*

On commence par une catastrophe.
Il s'agit de l'interdiction de vendre de l'alcool aux jeunes de moins de dix-huit ans… Mais qu'est-ce qu'ils vont devenir les pauvres ? Au moins, quand il est bourré, l'ado a une excuse pour être idiot !
Et puis, l'alcool, c'est l'apprentissage de la vie. Les grands hommes se sont construits à la bibine, c'est bien connu !
Regardez, moi, c'est l'alcool qui m'a donné mon génie et mon corps de rêve…
Vous croyez qu'il vient d'où ce magnifique sourire angélique qu'affiche en permanence Stéphane Bern ?
C'est une discipline qu'il s'impose depuis qu'il a huit ans : le matin il ne sort jamais de chez lui sans s'être rassasié d'un grand bol de céréales à la vodka… Et, croyez-moi, le bol est plein et y a pas tant de céréales que ça…
L'école, c'est déjà assez rébarbatif comme ça, si en plus faut être sobre quand on y va, c'est un coup à plus aller en cours et à se mettre en échec scolaire !
Je ne vois plus qu'une solution que je m'en vais immédiatement communiquer aux jeunes qui nous écoutent :

(Musique de L'Internationale*)*

Camarades à la peau grasse et au regard bovin
Ne laissez pas une mesure liberticide vous mettre
En situation périlleuse !
Si les magasins refusent de vous vendre de l'alcool réagissez
Volez-le !

Heureusement que la pub pour l'alcool est autorisée sur Internet, ça peut sauver la mise !
À mon avis, les marques ne vont pas manquer d'imagination pour récupérer leur clientèle Biactol. Quand le jeune garçon va aller sur un site musical, il va voir apparaître un sosie de John Lennon qui va lui dire...
« Hey, salut toi ! Tu sais pourquoi les Beatles étaient si bons ? C'est parce qu'ils ne buvaient que du Ricard... Si tu commandes immédiatement une bouteille, je rajoute un T-shirt en cadeau. Si tu commandes cinq bouteilles, tu as droit à un double CD bonus, le tout envoyé chez toi sous pli discret... Alors si tu veux pouvoir frimer devant tes copains et te faire plein de filles, commande dès maintenant Ricard, la boisson des Stars ! »
Quand la jeune adolescente va aller sur son site *Secrets de beauté pour jeune boudin*, une animation va surgir sous la forme de Lorie qui lui dira...
« Salut, sister ! Moi c'est Lorie et si, comme moi, tu veux avoir des cheveux magnifiques, imite-moi et tous les soirs fais-toi un shampoing au vin rouge. Ça tonifie la racine et ça dégraisse la tige... Le matin, tu te rinces au vin blanc pour donner de l'éclat et c'est parti pour une journée de folie capillaire ! En ce moment le lot de deux bouteilles de shampoing vin blanc et shampoing vin rouge “La villageoise” est au prix incroyable de 15 euros. Commande vite ton paquet qui portera la mention “Ministère de la Jeunesse et des Sports” pour ne pas éveiller les soupçons de tes parents ! Salut, sister, et n'oublie pas...
“Grâce au shampoing au vin rouge
Tes poils respirent, tes cheveux bougent”. »

Courage les jeunes... Bon, il est maintenant grandement temps que je porte toute mon attention à notre invitée.

Rhaaaaaaaaaaaaaaaaaaaaaaââââ, Régine !
Nom de Dieu, si vous saviez comme j'ai attendu ce moment ! Je l'ai attendu avec une impatience mêlée d'émotion !
Oui, car je n'ai pas peur de le dire, Régine, vous me plaisez. Vous me plaisez plus que de raison...
Régine, quand j'ai lu votre livre où vous faisiez la comptabilité de vos conquêtes, ça m'a rendu fou...
Fou de joie de savoir qu'il y a encore des femmes qui n'ont pas peur de dire haut et fort qu'elles ont aimé aimer...
Mais ce livre m'a également rendu fou de jalousie de ne pas y être !
Pourquoi Gene Kelly, John Wayne, Claude François et autres Björn Borg et pas moi ?
Je suis prêt à tout pour vous séduire, Régine, et figurer dans le tome 2 !
Je suis vôtre, corps et âme !
Et attention Régine : ce n'est pas une offre du style promo choux-fleurs chez Carrefour ou bien mousse au chocolat à volonté au Bistro Romain ! C'est le haut niveau !
Je suis sûrement aujourd'hui ce qui se fait de mieux en matière d'homme.
Tenez, il y a cinq jours, pour la journée de la femme en Argentine, mon portrait était affiché à l'entrée des couvents. Ça a provoqué des émeutes chez les nonnes qui se roulaient par terre en hurlant mon nom... Mon nom : Daniel Morin, seigneur de la grande croisade du plaisir !
Mais au lieu de faire des grands discours, Régine, pourquoi ne pas mettre en musique les projets que j'ai pour nous...

(Musique de La Grande Zoa *de Régine)*

Crois-moi Régine, tu regret'ras pas
D'être venue au Fou du roi

Après l'émission on s'enfuira
Je te porterai, ne t'inquiète pas
Tu s'ras ma panthère
Je s'rai ton puma
On vivra d'eau fraîche
Et d'calva
On f'ra l'tour du monde
Seulement toi et moi
Tout nus sans valise
On voyagera
L'amour au Mexique, ce s'ra fantastique
Tu f'ras Carla, moi Nicolas
Je serai ta chose, ton esclave soumis
Tu seras ma rose, mon plat d'sushis
On f'ra un beau couple
On ressemblera
Un peu à Johnny
Et Lætitia
Ou à Émile Louis
Et mère Teresa !

Chanteur bio

Invité : Renaud – 3 octobre 2006.
CD : *Rouge Sang.*

Renaud, ce que j'aimais bien chez vous avant c'était votre haine ou votre amour pour des gens de tous les jours...
Quelquefois, je me demandais si, à propos d'un même sujet, votre humeur ne pouvait pas vous guider d'un extrême à l'autre !
J'imagine, il y a trente ans, Renaud évoquant, de bonne humeur, ses relations de voisinage...

Dans mon immeuble, c'est des gens bien
On ferme jamais sa porte à clé
Mon voisin il s'appelle Julien
Il est sur le même palier
Le soir il se met en pantoufles
Souvent on partage la bouffe.

J'imagine maintenant le même Renaud de mauvais poil !

Dans mon immeuble y a qu'des crétins
On doit tous se barricader
En face de chez moi y a Julien
Un psychopathe dégénéré

Quand j'le vois traîner en pantoufles
J'lui f'rais bouffer pour qu'il étouffe !

Pareil pour raconter vos souvenirs d'ado avec une fille... Bien luné :

Elle était belle, ma p'tite Cynthia
Dans son blue-jean trop délavé
Elle me prenait pour Travolta
Moi j'la prenais dans l'escalier
Elle m'a fait découvrir l'amour
Mon ange aux ailes de velours.

Mal luné :

Elle était moche, la grosse Cynthia
En plus c'était une vraie traînée
Elle sentait fort, t'y crois même pas
Un vrai Maroilles abandonné
Sur elle tous les trains sont passés
J'aurais jamais dû composter.

Renaud, aujourd'hui quand il chante c'est ou l'amour des enfants, de sa femme, de ses potes et de la nature, ou bien la haine de tout le reste, avec une préférence pour les politiciens, les vendeurs, les uniformes et certains artistes !
Ce qui serait osé, ce serait une chanson d'amour en direction de ce qu'il n'aime pas ! Ça, ce serait de l'engagement surprise ! J'ai fait un petit test...

(Impro militaire du pianiste)

Je voudrais être militaire
Cheveux courts faire la guerre
M'engager pour la patrie
La défendre avec un fusil
J'aurais des passe-temps juvéniles

Les putes, la bière, Intervilles !

Ahhh si j'avais l'uniforme
Je serais enfin un homme
Si j'étais bi-bi-bi-bi-bi-bi-bidasse
En kaki j'aurais la classe !
(tin tin tin)

Je voudrais être policier
Casquette et pistolet
Matraquer d'la racaille
Manger l'saucisson à l'ail
J'aurais des passe-temps d'enfer
Tiercé Loto et fourrière

Ahhh si j'avais l'uniforme
Je serais enfin un homme
Si j'étais po-po-po-po-po-po-policier
En bleu personne me f'rait chier !
(tin tin tin)

Je voudrais être commercial
Dans les shampoings L'Oréal
Pour les canons, les boudins
Toutes les grognasses le valent bien !
J'aurais des passe-temps de folies
J'achèterais des actions Vivendi

Ahhh si j'avais l'uniforme
Je serais enfin un homme
Si j'étais co-co-co-co-co-co-commercial
Je s'rais fier comme un crotale !
(tin tin tin)
La lalalalalalalalalalalala
La lalalalalalalalalalala
Mais pour l'instant l'uniforme de Renaud
C'est santiags et perfecto !
Tin tin tin !

Renaud, chanteur engagé,
Don Quichotte qui s'attaque aux moulins à vent
Et qui défend la mémoire d'un Moulin prénommé Jean
Renaud, chanteur jaloux
Si t'aimes pas sa femme, il te met un pain
Si tu l'aimes trop, là aussi il t'en met un
Si tu veux pas le fâcher, faut juste l'aimer bien
Renaud, chanteur bio
Pas trop friand d'ordre nouveau
Plus proche de José Bové qu'du locataire de la place Beauvau !
Renaud grande gueule, on le savait déjà
Renaud poète, ça va de soi
Ben oui les gars !
Renaud c'est l'anagramme de Neruda !

Le Parrain

Invité : Roberto Alagna – 19 novembre 2008.
CD : *Sicilien.*

Je sais, ça ne se fait pas, mais je vais profiter de la présence de notre invité de prestige pour lui demander un petit coup de main...

Cher Roberto, je n'ai pu m'empêcher de constater que c'est avec émotion et délectation que vous interprétez le titre *Parla più piano*, titre immortalisé dans le film *Le Parrain*. Du coup, c'est avec une joie non dissimulée que je me plonge dans cet univers...

(Musique du Parrain*)*

« Don Alagna, *te salute* ! Je suis Don Morini de Parigi !
Tu le sais, Roberto, la crise économique fait des dégâts
chez nous aussi... Les gens ont peur de perdre leur travail,
du coup ils ne vont plus dans nos bordels. Et comme
ils économisent, ils ne donnent plus assez d'argent
de poche à leurs enfants pour qu'ils achètent
de la drogue... Mais, ça, c'est le business. C'est comme
ça, c'est conjoncturel, on n'y peut rien... Par contre,
là où ça sent le poisson mort c'est que j'ai l'impression
qu'il y a un traître dans la famille... »

(Musique du Parrain *; parle plus bas)*

Don Alagna
Je vais avoir besoin de toi
J'ai un problème dans la famille du Fou du roi
Y a du pognon qui disparaît
J'ai des soupçons et quelqu'un à éliminer
Raconte-moi Don Morini
Qui est ce traître ce pourri
Parle plus bas
Il va finir par nous entendre
Il est assis juste à ta droite il va comprendre
C'est Don Stéphane qui pique tout l'blé
Qu'il place au Luxembourg sur compte numéroté
Ahhhh le fennec
Oui c'est clair je vais le buter
Je vais l'ouvrir en deux comme on ouvre un poulet
Petit Stéphane tu vas morfler
Sur la porte du studio oui je vais te cloueeeeer…

Pablo, je vous aime !

Invité : Roberto Alagna – 16 mai 2006.
CD : *Alagna chante Luis Mariano.*

Pour être franc, Rodrigo, je ne pensais pas grand-chose de vous avant de me plonger dans votre dossier. J'avais même un certain mépris vous concernant !
Avec votre style vestimentaire VRP Ricard zone sud-est, votre coupe de cheveux de chef des ventes Jacques Dessange et vos lunettes de soleil genre apprenti maquereau Napolitain, j'avais tendance, je l'avoue, à vous prendre pour un individu de piètre qualité !
Pour moi, vous étiez au bel canto ce que la réflexion est à Steevy… Une notion abstraite !
Quand j'ai vu votre photo je me suis dit : « Une gueule comme ça, ça pue la fausse facture. C'est soit un plagiste argentin, soit un garagiste de Seine-et-Marne recherché par la police pour mauvaise coupe de cheveux ! »

Quand on jette sur vous un regard furtif, Chiquito, on a l'impression de voir Patrick Juvet sous cortisone…
Pour moi, vous aviez une tête à écouter Mylène Farmer à fond dans votre Kangoo décapotable avec à vos côtés la dauphine de « miss Argelès-plage T-shirt mouillé panini fromage » à qui

vous auriez promis une vie meilleure dans votre caravane sur un parking Auchan de Perpignan!
Ahhhhhhh, je les vois d'ici vos conquêtes, Pepito!
Ça sent fort l'apprentie charcutière en BTS alternance: mi-temps chez Cochonou, mi-temps chez vous, avec comme perspective d'avenir un ticket direct pour l'ANPE. Ou bien, pour les plus chanceuses, un mariage avec un vieux veuf qui acceptera de prendre sous son aile fripée la fille et ses cinq enfants, tous nés de relations aussi durables qu'estivales avec cinq pères différents dont le point commun, à part la saillie sauvage, sera d'avoir quitté la belle trois minutes après l'étreinte!
Vous avez dû en choper grave, de la louloute de concours! Ça a dû beugler sévère dans la caravane au Rossignol!
«Oh mon Chanteur de Mexico! J'ai jamais vu un "mec si cul"! Fais-moi vibrer les octaves, gueule d'amour, et n'hésite surtout pas à me retourner: car si toi ténor, moi je suis sud! Colle-moi au plafond, fais-moi sauter le vibrato à grands coups de fortissimo, sois le torero sans pitié sur ma carcasse de pauvre Carmen! Vas-y, n'aie pas peur, sors les banderilles, matador, et plante au plus profond de mes chairs de vache folle: j'veux pas être une mal "Bizet"!»

Et puis j'ai regardé des vidéos où je vous ai vu évoluer. Et làààààààà...
Là, je dois bien confesser, Pablo, que mon avis vous concernant a radicalement changé.
Quand je vous ai vu sur le devant de la scène pousser de votre énorme organe des cris qui me sont malheureusement interdits, mon cœur a flanché...
D'un seul coup, j'ai ressenti dans tout mon corps peser la puissance de vos grosses... cordes vocales gorgées de talent et de sang.
Vous étiez ce bel étalon qui faisait jaillir sur moi toute sa fougue, je me suis senti inondéééé de bonheur décibellaire! Et en même temps, dans certains passages plus doux, j'ai ressenti toute l'émotion dont vous savez faire preuve, Consuelo!

D'un seul coup, le regard du tigre plein de fulgurance et de haine qui sommeillait dans vos orbites gonflées a laissé place à des pupilles remplies de douceur et d'innocence comme celles que pourrait avoir un agneau castré qui regarderait d'un air hagard pour ne pas dire idiot un best of de la *Chance aux chansons* !
Je crois que je suis tombé amoureux de vous, Pablo !
Devant vous, je me sens comme une Miss France face à un Grizzli en érection : je ressens comme un mélange de peur et d'excitation !
Je suis attiré et j'ai honte de moi, un peu comme Régine qui ne savait pas si elle devait y aller ou pas, la première fois qu'elle s'est retrouvée nue face à la garnison de la garde républicaine, chevaux inclus !
Voilà, Eduardo, je vous aime, c'est comme ça, je n'y peux rien…
En guise de conclusion, j'aimerais vous chanter un petit quelque chose !

(Musique de La Belle de Cadix *de Francis Lopez)*

Roberto, mon oiseau, je veux vivre l'amour
Pour toi je m'achèterai des cal'çons en velours
Tu verras je serai douce, douce comme un Bisounours
J'attendrai dans la chambre
Et le soir tu rentreras, juste après l'opéra
Avec toi je serai tendre
En vacances on ira si tu veux chez tes vieux
À mon corps tu mettras pyromane le feu
Tchika tchika tchik aïe aïe aïe !
Tchika tchika tchik aïe aïe aïe !
tchika tchika tchik aïe aïe aïe !
Oui tu mettras le feu !
Roberto nous s'rons fous, nous s'rons ivres d'amour
Tous les samedis matin, nous irons chez Carrefour
Et d'ici quelques années, tu verras, mon aimé, je te donnerai un fils
Il chantera comme toi, sera gros comme toi, on l'appellera Elvis
Nous vieillirons heureux, on boira d'la verveine

Jusqu'au bout mon chéri je resterai ta chienne
Tchika tchika tchik waf waf waf !
Tchika tchika tchik kaï kaï kaï !
Tchika tchika tchik aïe aïe aïe !
AÏE AÏE AÏÏÏÏÏÏÏEEEEEEEEEEEE !

Une vilaine petite loutre à poils longs

INVITÉ : ROCH VOISINE – 9 DÉCEMBRE 2008.
CD : *Americana.*

Eh oui, monsieur Roch, j'ai pleuré…
J'ai beau avoir l'air d'une bête de muscles et de poils qui donne l'impression comme ça de n'avoir aucun sentiment et de ne passer son temps qu'à aller de filles en femmes pour distribuer du bonheur avec son corps de rêve, eh bien non !
Sous cette touffe qui de façon aussi harmonieuse que sublime couvre mon torse, touffe que beaucoup appellent le buisson du bonheur ou encore le berceau de la fécondité, eh bien, sous elle, bat souvent un petit cœur de midinette prêt à s'emballer à la moindre émotion…
Ahhh, parfois je repense avec nostalgie à la période de ma vie où j'ai connu l'amour brut et bestial de votre belle région, monsieur Roch.
Le Québec…
Elle était belle et très velue, elle aussi, comme moi et comme sa mère. Elle dansait en santiags dans la cuisine en chantant : « Mon pays ce n'est pas un pays c'est l'hiver… »

Moi, je coupais du bois avec son père, moi avec une hache, lui avec ses mains nues. Comme seule distraction, toutes les demi-heures on faisait un petit pipi en glaçon puis enfin on rentrait à la maison manger la soupe à l'érable et le rôti de castor. Après le gâteau à la marmotte, on montait dans la chambre. Elle et moi, on s'allongeait sur la peau d'ours au pied du lit pour accomplir le devoir conjugal qui, comme le veut la tradition du Grand Nord, exige soixante saillies consécutives…
Ça, ça allait, ça faisait deux fois moins que ma moyenne en France. Non, ce qui me gênait le plus, c'était qu'elle voulait que je porte un chapeau de trappeur !
Ce qui me gênait aussi, c'était son tempérament légèrement exubérant. On vivait dans la même maison que toute sa famille, et pourtant ça ne l'empêchait pas de hurler : « Vas-y, vieux salaud ! Humilie-moi comme une vilaine petite loutre à poils longs ! J'ai pas été sage, bâcle-moi à la tronçonneuse et dis-moi des gros mots en yougoslave ! Je suis ta chose, je suis ton jouet ! Vas-yyyyy, c'est la fête, sors ton fusil, Davy Crockett ! »

Ahhhhh, c'était le bon temps… Sacrée Natasha St Pier.

Mes Mémoires

Invité : Michel Sardou – 26 mai 2009.
Autobiographie : *Et qu'on n'en parle plus.*

Rhaaaââ nom de Dieu, Michel Sardou, vous m'avez tellement inspiré !
Oui, je ne compte plus le nombre de fois où ici même je me suis ridiculisé à reprendre vos mélodies en oubliant que je n'avais pas votre voix…
Quand je pense à tous ceux qui disent que vous passez votre temps à faire la gueule : quelle bande de mécréants !
Vous ne faites pas la gueule : il vous arrive d'avoir l'air grave, mais c'est tout…
Et en général quand vous prenez l'air grave, c'est parce qu'une de vos chansons vous y pousse…
Tenez, quand vous chantez *Le France*, on sent chez vous toute la douleur du matelot à la perte du paquebot !
Changez les paroles et je suis sûr que vous pourriez avoir l'air content.
Quoique pour votre chanson *Le France* c'est tellement connoté triste que même le plus déconnant et drolatique des textes aurait du mal à avoir raison de son côté sévère…
Essayons avec un classique de la bonne humeur…

(Musique de Le France *de Michel Sardou)*

On n'est pas allé à l'école
On est de la classe qui rigole
On sait bien que la vie est brève
On y met du rire et du rêve
Et on fait tourner les serviettes
Comm' des petites girouettes
Ça nous fait du vent dans les couettes
C'est bête
Mais c'est bon pour la tête.

Mouais : c'est pas gagné…
Sachez en tout cas, cher Michel, que, moi aussi, je suis en pleine écriture de mes mémoires et que pour ce faire – et le hasard de votre venue fait bien les choses – vous m'avez une fois de plus inspiré… Je me suis permis de prendre certaines de vos mélodies pour illustrer mon parcours. Commençons, c'est original, par l'enfance…

(Musique du Rire du sergent *de Michel Sardou)*

Je suis arrivé au monde j'étais déjà parfait
Les infirmières se battaient pour pouvoir me talquer
À à peine trois mois
Je marchais déjà
Et avant deux ans je dansais mieux que Travolta
J'étais un enfant
Pétri de talents
Un Q.I. d'génie et en plus j'étais séduisant

Le bac mention très bien
Option grec et latin
C'est pas courant quand on n'a même pas six ans
Je parlais le chinois
Le turc et le danois
Ça sert à rien mais sur l'C.V. ça fait bien
Puis j'ai connu l'amour

Avec une prof d'allemand
Ça n'a duré qu'deux jours
C'était bien trop violent
Je vous l'dis honnêtement
Moi, la cravache, j'étais pas pour.

Vous l'avez compris : très tôt, j'ai pris conscience de mon impact sur les filles… Je n'y peux rien, c'est comme ça, mais je suis ce que les spécialistes appellent « une légende de la séduction »… Du soir au matin, je suis sollicité. Comme je suis un bon chrétien, je m'exécute, mais à force, spirituellement et émotionnellement, je m'y perds un peu… Et croyez-moi, c'est pesant à vivre au quotidien. D'où un autre gros chapitre de mes mémoires…

(Musique de J'habite en France *de Michel Sardou)*

C'est pas facile tous les jours
D'être comme moi un dieu d'l'amour
Elles veulent toutes sauter dans mon lit
Mais franchement elles me prennent pour qui
Une fois je faisais mon marché
Y en a une qui s'est approchée
Elle m'a dit « j'n'ai plus de fierté
Je suis ta chose tu peux m'bâcler »
Je peux comprendre je sais très bien
Que j'ai un corps plus que divin.
Mais voilà je suis un homme
Pas juste une machine pour vos envies
Moi aussi j'ai besoin d'rêver
Qu'au Flunch on m'fasse dîner
Alors maint 'nant ça suffit
Désolé les filles mais j'dis plus « oui »
Allez rendre visite en prison à Émile Louis !

Bon, ben un petit coup de gueule de temps en temps, ça remet les pendules à l'heure… Mais n'allez pas croire que je sois devenu

méchant avec les filles ! Non pas du tout ! J'ai même tenté de m'impliquer dans l'associatif...
Le mois dernier, j'ai été apporter ma bonne parole à un groupe de femmes laides qui se réunissent entre elles une fois par trimestre pour évoquer leur malheur et leur dégoût des hommes superficiels...
J'ai tenté de leur remonter le moral en leur chantant une petite chanson, un truc pour leur redonner de l'espoir et que je compte bien inclure dans mes mémoires...

(Musique des Ricains *de Michel Sardou)*

Si les boudins n'étaient pas là
Toutes les filles seraient jolies
Bien sûr elles seraient toutes pour moi
Y aurait plus rien pour mes amis
Les moches, c'est bon pour le moral
Elles sont guillerettes, elles sont joviales
On leur dit facilement adieu
La prochaine s'ra forcément mieux

Bon, je ne vous cache pas qu'après ma prestation leur moral n'est pas revenu au beau fixe... Je me suis fait virer de la réunion. Y en a même une qui voulait me castrer.
Finalement je ne vais peut-être pas inclure ce passage dans mes mémoires, après tout... Quoi qu'il en soit, il n'y a pas que moi que vous inspirez, Michel. Il y a de cela quelque temps, Stéphane avait aussi voulu raconter sa vie de la même manière que moi... Il avait demandé à certains d'entre nous de participer au projet mais celui-ci a été abandonné... C'est dommage, le texte était fort et plein de vérité :

(Musique du Temps des colonies *de Michel Sardou)*

Moi, monsieur, j'ai fait la colo
Suisse, Luxembourg et Monaco
Moi, monsieur, oui j'ai la belle vie

Secret bancaire et Codevi
Des tours du monde j'ai fait l'plus beau
Celui des paradis fiscaux
Pour alimenter mes compteurs
J'pique le pognon d'mes chroniqueurs
On travaille tous pour toi, ô Stéphane
Parce que t'es beau comme Francis Lalanne
Pour ma fiancée je fais des tonnes de dépenses immenses
Mireille Mathieu vous savez pas tout c'qu'elle mange !
Ne t'en fais pas pour nous, Stéphane Bern
S'il le faut on bouffera de la luzerne !

Je serai ton toutou taquin

Invitée : Sylvie Testud – 21 décembre 2006.
Livre : *Gamines.*

Ahhhhhhhhhhhhhhhh ! Sylvie…

Sylvie, Sylvie, Sylvie, Sylvie, Sylvie, Sylvie, Sylvie, Sylvie, Sylviiiiie ! Si vous saviez comme cela fait longtemps que j'attends ce moment-là !
Vous et moi à la même table… Que Dieu soit béni, Sylvie !
Oui, qu'il soit béni car – je pense que vous l'avez compris au ton de ma voix – vous me plaisez, Sylvie…
Vous me plaisez beaucoup !
Comme on dit aujourd'hui : « Je vous kiffe ! »
Et pourtant, croyez-moi, j'en ai connu de la belette de compète et de la pouliche de concours ! De la grande plantureuse avec le téton arrogant et le croupion prometteur ! De la petite coquine avec l'œil qui pétille et la bouche qui s'tortille !
Mais, vous, c'est différent, Sylvie. Je suis attiré magnétiquement vers vous comme le moucheron sur le pare-brise, comme la seringue dans les fesses du cycliste, comme la Diana sur les pylônes ou encore comme la Natascha vers la cave !
Je crois que ce qui me plaît chez vous, c'est votre regard clair et légèrement inexpressif qui vous donne l'air un peu perdu !

Vous me faites penser à la musaraigne péruvienne qui fume son joint en contemplant la cordillère des Andes au coucher de soleil et qui, défoncée, ne se doute pas qu'au-dessus d'elle plane la menace du grand condor chauve avide de chair fraîche et qui d'un moment à l'autre va fondre sur elle sans autre forme de procès et sans non plus attendre qu'elle ait fini son pét' !
Eh bien, c'est ça qui me plaît chez vous. Cette apparente vulnérabilité !
J'ai envie de vous prendre dans mes bras en vous disant : « Tu vas voir, tout va bien se passer, maintenant. Je suis là Sylvie ! Tu n'as plus à avoir peur ! Pour toi, s'il le faut, je tuerai l'ours géant de Moldavie de mes mains nues ! Si tu as froid, je mangerai du piment suédois extrafort et soufflerai sur ton corps jusqu'à ce qu'il soit de braise !
Si tu te sens idiote, pour te rassurer, que tu te sentes moins sotte, je te raconterai les meilleures blagues d'Anne Roumanoff.
Si tu te sens laide, je te montrerai une photo sous la douche de Jeannie Longo en train de savonner sa bicyclette !
Et si tu ne veux pas tout de suite de moi, Sylvie, je saurai être patient… »
Pour te le prouver j'irai jusqu'à chanter pour toi du Dalida qui comme toi est née un 17 janvier !

(Musique de J'attendrai *de Dalida)*

J'attendrai le jour et la nuit
J'attendrai mon tour, mon amour
J'attendrai
Car il n'y a pas d'urgence à sauter au lit
Ma Sylvie
En même temps ma douce
Le plus tôt s'ra le mieux
J'ai le short qui glousse
Lâche-toi : ravage-moi
Jusqu'au jour !

Ooh ! oui on sera heureux !
Enfin quand je dis que, chez vous, il y a comme une vulnérabilité apparente, il faut ajouter qu'il y a aussi une certaine dureté dans les traits !
Vous avez l'air souvent sévère, Sylvie. Sévère comme le routier des hautes steppes sibériennes qui peut rouler le cul gelé sans sourciller avec comme seul réconfort une pause tous les mille kilomètres, cinq minutes le doigt dans l'allume-cigare…
Sévère, voire brutale comme Al Capone et Mohamed Ali qui, eux aussi, sont nés un 17 janvier comme vous !
Et ça aussi, le côté brute, ma foi… ce n'est pas fait pour me déplaire !
Au contraire !
Il suffirait d'un signe de votre part pour que je perde la boule !
Ooh oui, s'il vous plaît, Sylvie, faites-le, ce signe…
Rien qu'un claquement de doigts et je serai votre chose, votre joujou, votre caniche si vous le souhaitez !
Je vous attendrai patiemment à la maison, complètement nu avec mon collier autour du cou. Je vous ferai la fête dès votre retour en me dressant sur mes pattes arrière, vos pantoufles à la bouche !
Et comme je serais un toutou taquin qui fait parfois son petit pipi sur la moquette du salon, vous me donneriez une bonne rouste que j'aurais méritée, en hurlant : « Oh, le vilain chien à sa mémère, il a recommencé ! »
Si vous préférez, je serais votre esclave ! Vous me traîneriez par les cheveux dans toute la maison (attention y a pas beaucoup de prise !).
Je dormirais nu sur le carrelage glacial de la cuisine, attaché au radiateur bouillant et au petit matin je vous apporterais le petit déjeuner au lit en rampant, habillé en soubrette portoricaine !
Après quoi, je vous avouerais tête baissée rempli de honte que, une fois de plus, je me suis fait un trip maso tout seul en écoutant à fond dans mon Walkman Richard Clayderman remixé par la Compagnie créole !

Là, évidemment, vous rentreriez dans une fureur folle et me puniriez en me faisant regarder l'intégrale de la saison 1 de *Plus belle la vie*.
Une fois le visionnage terminé, je reviendrais vers vous et vous prouverais que je ne vous en veux pas en chantant du Françoise Hardy qui, comme Dalida, Al Capone, Mohamed Ali et vous, est aussi née un 17 janvier.

(Musique de Tous les garçons et les filles de mon âge
de Françoise Hardy)

Je sais maîtresse je n'ai pas été sage
Et tu peux me fouetter si tu veux
Si par amour tu veux me mettre en cage
N'hésite pas ça me rendra heureux
Je ne suis qu'un esclave, je ne suis pas humain
Une saleté, une pustule, je suis un moins que rien
Je mérite la fessée, la tournante, la châtaigne
Oui, sois dure avec moi, c'est comme ça que je t'aime !

Voir du foot ou faire l'amour

INVITÉ : THIERRY ROLAND – 29 MAI 2008.
Livre : *On peut mourir tranquille.*

Rhaaaââ, nom de Dieu de nom de Dieu, je suis assis à côté de Thierry Rolland !
Pour moi, vous représentez tellement le football que quand j'étais petit je croyais que c'était vous qui l'aviez inventé…
Ahhh ! Thierry Rolland. Je suis sûr que vous ne l'avez toujours pas digérée, la demi-finale de 1982 à Séville perdue face à l'Allemagne quand le gardien de but allemand a essayé de décapiter un joueur français et qu'il n'a pas été sanctionné…
D'ailleurs je trouve que les Nations unies ont eu un comportement scandaleux suite à cet attentat… Empêcher la France d'aller en finale de Coupe du monde, ça méritait une Troisième Guerre mondiale !
Ah, y aurait eu Zidane à l'époque il aurait moins fait son malin, le gardien allemand ! Le Zizou il te l'aurait renvoyé dans ses buts à grands coups de tête, ça aurait pas traîné…
Enfin bref, tout ça c'est du passé…

Je ne sais pas si vous êtes au courant, Thierry, mais à l'approche de l'Euro qui va avoir lieu en Suisse et en Autriche, une enquête menée auprès de deux mille Européens s'est penchée sur la question délicate : « Préférez-vous regarder un match de foot ou bien faire l'amour ? »
Eh oui que faire ?
Un soir de grand match, si madame vous sort le grand jeu, comment réagir ?
Première solution : vous n'en pouvez plus de la voir se dandiner comme une loutre possédée par le démon du vice, allongée sur la table basse du salon dans sa nuisette en skaï fuchsia. Vous mettez un coup de pied dans la télé et vous ravagez madame, tel le sanglier à l'assaut de la truffe, en hurlant : « Allez les bleus ! »
Ou bien, deuxième solution, vous lui dites : « Ouah, ce que tu es sexy, ma chérie ! Tu sais quoi ? Va dans la chambre. Tu commences, je te rejoins tout de suite », en espérant qu'elle finisse par trouver le temps long et s'endorme, ce qui vous laisse tout le loisir de regarder votre match tranquille…
Eh bien ! figurez-vous que, selon les pays, notre choix diffère… L'étude réalisée montre que les Espagnols préfèrent à 72 % regarder un match de foot. Voilà, voilà : ce n'est pas du tout vexant pour la gent féminine espagnole… pas du tout…
À l'opposé, les Portugais ne sont que 17 % à préférer le ballon rond aux formes de madame !
Les Français, quant à eux, sont à 73 % pour la galipette… En même temps, quand on voit la qualité de notre championnat de foot, on préférera s'encanailler avec bobonne, même si elle est moche…

Alors le souci de cette enquête c'est qu'une troisième solution n'est pas proposée alors qu'elle pourrait largement contenter tout le monde…
Vous êtes en plein match, et madame déboule et se tortille sur la table basse en gémissant : « Vas-y, ravage-moi, grand fauve… je suis ta chose soumise, ton esclave consentante ! Humilie-moi comme la dernière des traînées du port de Brest ! Tacle ma vertu ! Dis-moi des gros mots en croate ! »

Rien ne vous empêche de couper le son de la télé puis d'accomplir votre devoir conjugal tout en regardant le match…
Débrouillez-vous juste pour avoir fini votre ouvrage environ six-sept minutes avant la mi-temps, que ça laisse le temps à madame de se remettre de ses émotions et de vous demander si vous voulez une bière fraîche en attendant la reprise du jeu.

Vous savez, Thierry, nous sommes nombreux à être nostalgiques de votre duo avec Jean-Michel Larqué…
Vous et vos commentaires directs et un peu franchouillards, Jean-Michel et sa plus grande retenue et son sens de l'explication… Je suis persuadé que votre duo aurait pu faire des merveilles au-delà du commentaire de match de foot…
Vous auriez été terribles tous les deux aux Victoires de la musique !

Jean-Michel : Dans la catégorie « Rap », c'est la chanteuse Diam's qui remporte la victoire…
Thierry : Chanteuse, chanteuse… faut le dire vite ! Est-ce qu'on peut vraiment qualifier de féminin quelqu'un qui a la coupe de cheveux de Michel Drucker et qui s'habille comme Guy Roux ?
Jean-Michel : Ouh là là ! Thierry, vous portez des jugements socio-vestimentaires limites-limites… Sa tenue de rappeuse, c'est plus qu'un style, c'est aussi un code urbain !
Thierry : Aaah, mais j'ai jamais dit le contraire, mon brave Jean-Michel… N'empêche que quand tu viens chercher une récompense à la télé, pour le style t'évites le pyjama sauf si ton code c'est de dire « je vais me coucher » !

Et les infos avec Thierry et Jean-Michel… Ça aurait eu de la gueule les infos avec votre duo…

Thierry : Terribles intempéries en Asie, des milliers d'habitations sont détruites… En même temps, faut pas s'étonner de trouver sa maison par terre quand on la construit avec deux branches de palmier et trois planches de bois…

Jean-Michel : Ouh là là ! Thierry, c'est avant tout un problème démographico-économico architectural lié à des difficultés financières... Ces pays ont cruellement besoin de notre aide...
Thierry : Aaah ! mais je n'ai jamais dit le contraire, mon bon Jean-Mimi... Par contre, j'ai peur que ça nous coûte bonbon en timbres d'envoyer des parpaings à l'autre bout du monde !

Et pour finir, j'aurais tellement aimé vous voir animer avec votre ancien compère une soirée d'élection de Miss France ! Là encore vous auriez été parfaits...

Jean-Michel : Toutes les candidates sont réunies maintenant sur le plateau... Des jeunes femmes toutes plus jolies les unes que les autres, n'est-ce pas Thierry ?
Thierry : Ah ! ça, c'est sûr, joli troupeau... Au poids, ça vaut pas grand-chose mais quand même dans l'ensemble, belle qualité de jambon...
Jean-Michel : Ouh ! Thierry, là vous abordez un sujet délicat et politiquement incorrect qui est celui de la valeur humaine jugée exclusivement sur des critères physiques ! Ces jeunes femmes ont toutes, j'en suis sûr, de grandes qualités humaines !
Thierry : Aaah ! mais j'ai jamais dit le contraire, mon petit Jean-Michel ! J'espère comme vous qu'elles savent faire la bouffe !
Jean-Michel : Des jeunes filles qui viennent d'évoquer leur cursus scolaire au jury et qui défilent à présent en maillot de bain... Vous pourrez apprécier que toutes sans exception ont une démarche et une tenue parfaites...
Thierry : En même temps, vu le peu de temps qu'elles ont passé sur les bancs de l'école elles risquaient pas d'attraper une scoliose !

Je ne suis pas près de t'oublier, peuple grec !

Invité : Costa-Gavras – 3 avril 2009 (Athènes).

Comme notre séjour touche à sa fin et qu'il me reste très peu de temps pour goûter à tout ce que la Grèce a de meilleur, j'ai décidé pour mon dernier soir d'aller chasser de l'autochtone et, quand je décide de chasser, je ne fais pas de prisonnier. Je suis redoutable et sans pitié !

Je me suis donc changé pour une tenue plus appropriée… J'avais mis mon jean en alligator hypermoulant. On devinait toutes mes formes : les muscles de mes cuisses d'airain et de mes fessiers de bronze étaient comprimés, certes, mais libres dans leurs mouvements grâce à la souplesse du cuir reptilien, ce qui donnait à ma démarche une sensualité aussi animale que bouillante.

Je portais ma chemise en soie sauvage des rives du Zambèze qui allie douceur et confort et qui surtout supporte les assauts de ma plaque musculaire pectorale qui, en cas d'émotion forte, peut déchirer n'importe quel tissu sur son chemin.

Ouwwfffff… J'étais sublime !

Avant de sortir, j'avais frotté mon corps avec un mélange de papayes écrasées pour la touche exotique, d'huile d'olive pour la touche locale et de gasoil pour la touche virile !

C'est une recette de Stéphane pour aller draguer dans les campings de Paros !
Je me suis dirigé vers le premier bar venu : il était fermé.
Je me suis dirigé vers le deuxième bar venu : il était ouvert. Je suis rentré. Je l'ai vue, j'ai attaqué !

(Musique de piano-bar)

– Salut toi ! Comment t'appelles-tu ?
– Georgina.
– Tu sais, Georgina, ce soir ta vie va basculer.
Quand je suis rentré dans ce bar, je n'ai vu que toi.
Alors peut-être est-ce la fatalité ! Peut-être est-ce
parce que tu es la seule personne à ce bar ! Je ne sais
pas, mais peu importe. La chance a frappé à ta porte,
tu peux remercier le ciel et les dieux de l'Olympe...
Tu n'es pas ce qu'on appelle communément une personne
jolie, Georgina, c'est sûr, mais est-ce que tu dois
pour autant porter la croix de ta médiocrité physique
au quotidien sans avoir droit à un bonheur alternatif ?
Non, et je lutte contre ça !

Je lui ai donné un baiser voluptueux après avoir approché sa bouche de la mienne en lui tirant violemment les oreilles.

(Musique de Love Story*)*

– Tu sais, Georgina, ça me fait drôle d'être ici en Grèce.
Je sais pas si tu le sais, mais tout à l'heure,
quand je serai nu, ça te sautera aux yeux : on dirait
que mon corps et mon esprit ont inspiré les légendes
de la mythologie ! Beauté, grâce, puissance, élégance,
tonicité, intelligence, spiritualité, clairvoyance et modestie
sont en moi ! Sur mon berceau se sont sûrement penchés
Zeus, Athéna, Hercule, Apollon, Andros, Midas, psoriasis
et herpès !
Dans mes bras d'acier et de poils, tu vas connaître
le voyage ultime des désirs interdits ! Notre odyssée
amoureuse nous transportera au-delà de la galaxie
des ivresses dans le grand tourbillon épileptique

de nos étreintes brûlantes à faire fondre n'importe quelle vertu...

Elle m'a dit : « OK, on va chez moi c'est tradition ! »
Elle habitait toujours chez ses parents et c'est à pas feutrés que nous sommes allés dans sa chambre !
Nous avons entamé nos ébats puis, au bout de dix minutes, la lumière s'est allumée. Quelqu'un nous observait !
J'ai dit à Georgina : « Aah, je crois que ton papa n'a pas l'air content ! »
Elle m'a répondu : « C'est ma sœur, c'est pas grave, c'est tradition ! »
J'ai donc jeté une pantoufle au visage de l'intruse, j'ai éteint et nous avons repris nos affaires !
Dix minutes plus tard, la lumière s'est rallumée. Cette fois, c'est toute la famille qui était là ! Je ne savais pas quoi faire : beaucoup trop de monde pour une seule pantoufle restante !
Là, Georgina m'a dit : « Continue, c'est tradition. » Continuer avec vingt-huit personnes autour du lit, c'est pas facile croyez-moi pour se concentrer, mais ça devient encore plus dur quand au bout de quinze minutes y en a un qui prend une guitare et que tous les autres se mettent à danser le sirtaki !
Là, Georgina m'a dit :
– Continue, ça veut dire qu'ils t'aiment bien. Continue jusqu'à ce qu'ils arrêtent de jouer !
– Mais pourquoi ?
– Parce que c'est tradition !
Ils ont arrêté il y a moins de deux heures !
Juste le temps de prendre un petit déjeuner avec le père... Des céréales dans un grand bol d'Ouzo, et je suis arrivé en titubant jusqu'ici !
Je ne suis pas près de t'oublier, peuple grec !
À bientôt !

Extase cannoise

Invités : Olivier Marchal et Mathilde Seigner – 22 mai 2009 (Cannes).

Aaaah ! ça y est, on est à fond dans l'ambiance du festival, là…

Hier, c'était la présentation du film de Michael Haneke *Le Ruban blanc* : c'est LE film rasoir du festival ! Un film un peu dans la tradition du cinéma rigolo finlandais ou suédois, avec des plans fixes qui durent une éternité sur… rien ou presque. Des trucs du style…

(Musique triste)

– Dis-moi, Greta…
– Oui, Smurf ?
– Ne crois-tu pas que l'amour c'est la mort du malheur ?
– *(Souffle.)* Ça dépend, Smurf.
– Parce que si on s'aime, notre bonheur vit toujours.
– Un peu mon n'veu !
– Alors nous sommes heureux ! Quel non-sens à nos choix de vie !
– Je suis enceinte, Smurf.
– C'est ridicule, on n'a même pas de congélateur…

Là, dans le film de Haneke, on voit un enfant qui pose des questions existentielles avec un air idiot. Un enfant, quoi... Et ça dure, mais ça dure !

(Musique triste)

– Dis-moi, maman, est-ce que tout le monde meurt un jour ?
– Oui !
– Pourquoi ?
– Parce que !

Ça sent la Palme d'or !
En attendant la Palme d'or, il ne reste plus beaucoup de montées des marches avant la clôture... C'est la bousculade pour y participer !
Et, bien évidemment, son altesse Stéphane va y aller !
Du coup, hier après l'émission il m'a demandé de venir dans sa chambre pour l'aider à faire son choix pour la tenue...
– Alors, qu'en penses-tu ?
– Honnêtement, je ne sais pas maître : c'est joli mais je ne suis pas convaincu !
– Comment ça, « pas convaincu » ? Mais elle est sublime, cette robe, c'est la même que Mireille Darc dans *Le Grand Blond*, avec le superdécolleté dans le dos ! Regarde, on voit un peu mes fesses mais pas trop, c'est chic !
– Oui, mais pour les hommes c'est smoking, normalement.
– Oui, ben je n'ai que ça... Mon smoking, je l'ai prêté à Joëlle Goron qui allait à une soirée cinéma et tolérance intitulée « Travelling et Travelo ».
– Mais louez-en un ! Au Majestic, ils vont vous trouver ça !
– Rhooôô, ce que tu es rabat-joie !... Allô, la réception ? Oui, ici Stéphane Bern, le prince de l'animation. J'ai besoin d'un smoking pour la montée des marches !... Un supplément de 3000 euros ? Pas de problème ! Je vous donne les coordonnées de la carte à débiter : 4421 3223 0002 1819, expiration décembre 2010, nom du titulaire : Daniel Morin ! Merci... Merci mille fois, brave

homme… Ah, j'ai un message ? Oui, monsieur Jack Lang est à l'hôtel, il me cherche ? Dites-lui que je suis rentré à Paris !

Après ces péripéties, je me suis dit : avant d'attaquer la nuit cannoise, je me ferais bien une petite sieste !
Eh bien je n'ai pas eu le temps. À peine avais-je laissé choir au sol mes habits pour que le soleil provençal s'immisce dans ma chambre et caresse mon corps de dieu de l'amour barbare et sensuel pendant mon repos… que le téléphone se mit à sonner !
– Allô ?
– Allô monsieur Morin ? C'est Mireille M., la fiancée à Stéphane !
– Comment allez-vous, Mireille ?
– Mal, très mal ! Je suis très inquiète pour mon Stéphanounet !
– Et pourquoi ça ?
– Oooh, me prenez pas pour une rascasse ! Je suis pas finaude mais je suis pas non plus de la graine de gourdasse ! Je sais bien ce que c'est le festival de Cannes, c'est cocaïne, alcool et levrette claquée à tous les étages !
– Oh, mais c'est des clichés tout ça, Mireille, ne vous inquiétez pas !
– Clichés, clichés, mon œil ! Moi, le festival, je l'ai fait y a quelques années, eh ben ! c'était pas joli-joli !
– Oh, vous exagérez, Mireille…
– Pour mon premier festival en 1948, tous les soirs j'étais bourrée comme une gourde, défoncée comme une voiture de manouche et pour le reste c'était pas mieux ! La dernière nuit, je l'ai passée avec l'équipe de tournage de *Ben-Hur* : cent cinquante acteurs et trois mille figurants ! J'étais bousillée de partout ! De retour à Paris on a dû me poser des hanches en plastique, je marchais plus droit !
– Je vais le surveiller, Mireille, ne vous inquiétez pas !
– Merci, monsieur Morin. Bon séjour et que Dieu vous garde !

Le soir venu je me suis transformé en étalon de la nuit et j'ai été chasser la cagole pour – comme dit Stéphane – « donner un peu de bonheur parisien à ces populations exclues du bonheur et du progrès».

Je me suis rendu dans un bouge local appelé Le Sparkling où le patron, un satyre local prénommé Bruno, entretient une clientèle aux mœurs légères...

J'en ai rencontré une, on s'est aimé, elle a adoré, mais comme toutes les bonnes choses ont une fin, il y a de cela quelques instants, après dix heures de rut brutal passionnel et odorant, le temps des adieux avait sonné... Pour qu'elle ne soit pas trop bouleversée, je me suis inspiré pour ma sortie d'un enfant du pays. Un Niçois, le grand Dick Rivers...

(Musique de Nice baie des Anges *de Dick Rivers)*

J'm'en vais
Désolé cocote j'peux pas rester
Avec toi j'ai aimé m'accoupler
J'ai passé du bon temps
C'est sûr
T'es pas très belle mais tu assures
Sauf quand tu parles c'est trop dur
J'comprends pas ton accent
Tu es ma première Cannoise
T'es plus très jeune, mais une bonne occase
Une prochaine fois pour qu'ce soit l'extase
Y faudrait que tu t'rases!
T'en fais pas je sais
Que t'as du mal à réaliser
Que c'est avec moi qu't'as fait tout ça
Toi, Hélène Segara!

La puissance des corps

Invité : Yann Queffélec – 23 janvier 2009.
Livre : *Passions criminelles.*

Cher invité,
Chers collègues,
Chers auditeurs,
Chères auditrices,
Et enfin public,
Bonjour !
Toujours peu de chose à se mettre sous la dent au Salon de l'agriculture. Dernière personnalité à avoir fait l'événement, Miss France, Chloé Mortaud qui a fait un triomphe au rayon saucisses ! Les paysans lui ont fait un cadeau sympa : ils lui ont offert une vache… Pratique à rapporter comme souvenir du Salon.
Si elle y a été avec Geneviève de Fontenay ça valait le coup de prendre une photo à la sortie… Une vraie fable de La Fontaine : « La belle vache, la jeune dinde et la vieille bique ». Mais passons sans plus attendre à l'actualité de notre invité !

Monsieur Queffélec, c'est incroyable !
Vous avez écrit *La Puissance des corps*, et il se trouve que c'est le titre de ma première biographie, écrite il y a une dizaine d'années par une étudiante suédoise qui au départ voulait consacrer sa vie au Carmel

mais qui après m'avoir côtoyé a changé d'orientation pour s'engager à corps perdu dans l'univers impitoyable de l'industrie du X!
Ça s'est passé en Bretagne, également. À cette époque, j'étais danseur de flamenco dans une crêperie à Quimper! Nourri trois fois par jour à la complète œuf-jambon-fromage, je me devais de faire beaucoup de sport.
C'est donc sur le littoral d'Armorique que j'ai façonné ce corps de rêve, sculpté ce vaisseau de marbre…
Tous les jours, je courais sur la plage sous les applaudissements des crabes impressionnés par ma silhouette gracieuse et féline à la fois, de guépard andalou qui en une fraction de seconde déployait ses longs segments antérieurs fuselés, poussés par la pression quasi extraterrestre de mes fessiers tétanisés de muscles!
Puis, pour détendre mon corps brûlé par l'effort, j'allais fendre les vagues en nageant tel un grand squale jusqu'à Biarritz, aller-retour en une heure quinze!
Aaah, j'en ai chopé de la Bigoudène en mal de vertige!
J'allais draguer dans les petits ports où l'autochtone esseulée est légion.
Avant d'attaquer je me préparais soigneusement pour les faire rêver… Je me pomponnais comme un caniche de vieux, je me parfumais comme une dame pipi et, avec les poils de mon torse, je me faisais la raie au milieu!
Je rentrais dans un bar et c'était parti… Je repérais ma proie, rien ne pouvait m'arrêter…
«Salut, toi! Je t'observe depuis un moment et je me disais en te regardant… La pauvre épave, là-bas avec sa tête à jouer dans *Les Feux de l'amour* version kosovare, elle doit pas connaître souvent le grand frisson! Mais tout s'arrange: je suis làààà!… Tu n'es pas très jolie et alorrrrrs! Tu sais quoi? J'ai envie de te changer les idées, de te faire oublier ton quotidien fait de poissons morts et de désillusions romantiques! Je vais t'emmener chez moi à Plougastel! Pour nous détendre, nous prendrons un bain de goudron laissé par la dernière marée noire, puis nous irons nager dans l'océan glacé. L'eau y est à 5 degrés mais c'est bon pour le corps, ça raffermit les chairs. Nous nagerons jusqu'à mon bateau dans lequel je te jetterai comme

un sac de moules… Assise et tremblante, tu ressentiras comme un mélange de peur et d'excitation. Tu seras attirée mais tu auras honte, un peu comme Régine la première fois qu'elle s'est retrouvée nue face à la garnison de la garde républicaine, chevaux inclus ! Bien sûr, nous ferons l'amour comme si demain n'existait pas… Une fois la passion consommée, dix-neuf heures plus tard, j'irai fumer une clope à l'avant du bateau, à poil, en sifflant du Herbert Léonard… J'aime bien être à poil quand je siffle de la musique classique… Puis de retour sur la plage, nous nous allongerons sur un lit d'algues molles et nous endormirons en écoutant l'album d'Alan Stivell qui chante bourré en duo avec Olivier de Kersauson à la foire aux bigorneaux ! Avec moi, tu seras heureuse ! »

Elle devint dingue de moi et de la puissance de mon corps… Comme je suis tout sauf égoïste je ne suis pas resté avec elle, j'ai donné de mon amour à toute la région !
Du coup, elle a légèrement perdu la boule. Un soir, elle a même craqué : elle est venue sous mes fenêtres, le corps recouvert de varech, et elle s'est mise à chanter :

Pitié, Daniel Morin, viens donc chez moi ce soir
Si tu couches avec moi je te donnerai à boire
Et si tu veux faire le fou
Je te jouerai du biniou !
Viens là mon étalon, viens voir ta Bigoudène
J'ai acheté du cuir, du latex et des chaînes
Je suis prête pour l'amour vache
Tu peux m'mettre des coups de cravache
Na na na na na na
Na na na na na nèreeee !

Pour la faire taire, je n'ai pas eu le choix : je lui ai jeté un bac d'hortensias sur la tête…
Voilà. La puissance de mon corps avait encore parlé !
C'était la première et dernière fois que j'entendais chanter Danielle Évenou.

Fossoyeur de vertu

Invitée : Zizi Jeanmaire – 26 novembre 2008.
Livre : *Le souvenir que je garde au cœur.*

Rhaaaaaaaaaaaaaaaaaaââââ, Zizi…
C'est bon de vous avoir là, à côté de moi..
Je le vois bien à votre regard de petite loutre rêveuse et fiévreuse à la fois, vous vous dites : « Ouaaah ! Je le crois pas, je suis là, assise à côté de lui ! Si je veux je peux même le toucher ! »
Légitime réaction, petite fille.
Et sachez que ce bonheur égoïste ne doit pas vous faire culpabiliser… Votre présence à côté de moi, c'est aussi une victoire pour toutes celles qui en ont rêvé un jour…
Je me présente : Daniel Morin, fossoyeur de vertu ! Je ne sais pas si vous avez regardé M6 hier soir, tendre Zizi, mais, moi, oui… J'ai regardé *Maman cherche l'amour* et c'était beau, très beau…
Trois femmes célibataires : Caroline de la région lyonnaise, Corinne du Sud-Est et Marie la Bretonne, toutes mères de famille qui n'ont dans la vie qu'une passion, une seule raison de vivre, les enfants… Mais comme elles finissent par se sentir seules, elles ont franchi le pas et ont rencontré chacune une dizaine de prétendants.
Alors, bien sûr, elles étaient touchantes, ces trois femmes que le destin amoureux a laissées sur le bas-côté de la route de l'amour

avec bagages et mioches, mais on ne peut pas dire non plus qu'elles aient tout ce qu'il faut pour – par exemple – retenir des perles rares comme moi...
Non, parce que j'aurais très bien pu participer à cette émission, mais ça aurait été bien trop injuste pour les pauvres gars mis en concurrence avec moi... Vous pensez bien que ces filles ne font pas exception ! À peine m'auraient-elles vu qu'elles auraient posé sur moi un regard aussi incrédule que gourmand à la vue de ma plastique irréelle pour nombre de Terriens dont les courbes sont à mi-chemin entre celles du puissant sprinter jamaïcain superdopé et celles du grand lynx de l'Oural superviril... Elles auraient défailli ! Elles auraient renvoyé tous les autres gars pour profiter immédiatement de mon étreinte animale !
Comment résister au choc sensoriel, au déluge de plaisirs, au tsunami orgasmique, bref au grand brasier des passions qu'un seul de mes regards peut allumer d'un clignement de rétine !
Et puis, forcément, ma proximité finirait par éveiller chez ces mamans dingues de leurs gosses une envie irrésistible de faire un dernier enfant...
Je le sais, j'ai été confronté au problème des millions de fois, alors j'essaie de les en dissuader. J'essaie de trouver les mots justes...

(Voix triste) À quoi bon avoir un enfant de moi, avoir un petit qui te rappellera le temps béni où tu me fréquentais... Ces instants de joie, de rire, de passion, de culture et d'éveil aux sens que tu ne retrouveras plus jamais !... Je ne crois pas que ce soit une bonne idée pour toi et ta santé mentale ni pour l'équilibre de cet enfant qui portera sur ses épaules tout le poids écrasant d'avoir un père aussi brillant que moi et à qui tu reprocheras sans cesse d'être la cause de cette maudite grossesse supplémentaire à l'origine de tes varices, tes vergetures et tes seins mous... Si tu veux vraiment un enfant de plus, oublie-moi et choisis un géniteur à la médiocrité acceptable qui saura t'accompagner et te donner la main dans tes angoisses face à tes décrépitudes morales

> et physiques... Allez, arrête de pleurer, mouche-toi et va vite te remaquiller sinon je vais être obligé de te quitter plus tôt que prévu, tu es en train de devenir très laide...

Eh oui, c'est le problème de la femme amoureuse : elle veut des enfants !
Et, là, j'en profite pour vous dire, mesdames, que ce sentiment viscéral de vouloir porter la vie n'est pas votre monopole... Moi aussi, il m'arrive parfois de me poser la question. Car s'il est vrai qu'il est bon d'être une icône, une légende, le modèle du mâle dans toute sa superbe... quand je me retrouve seul devant la glace face à mes abdominaux de marbre, je ressens parfois comme un vide...
Je suis sûr qu'à moi aussi la grossesse irait bien au teint et qu'elle contribuerait sans coup férir à l'épanouissement de mon côté féminin qui, je le sais, n'est pas ce qui saute aux yeux en premier, mais qui est bien présent...
D'ailleurs il m'arrive parfois, à l'arrivée des beaux jours, de passer une petite robe vichy pour aller au marché ou bien au cinéma...

Oui, sans problème à vous Zizi je le confesse
Avec dans la voix un soupçon de tristesse
Je mettrais bien sur pause ma grande virilité
Pour goûter une fois au bonheur d'enfanter
Même si mon corps souffre, que mes fesses prennent du gras
J'aimerais du Fou du roi *être la Rachida*

Pour finir et comme nous évoquons la séduction, je ne peux m'empêcher de revenir sur ce chapitre très touchant de la vie amoureuse de Stéphane...
Stéphane qui vous a rendu un hommage indirect, Zizi, quand il a déclaré sa flamme à sa fiancée, Mireille M. C'était un soir à la fin d'un concert dans les coulisses de l'Olympia. Pour mieux déclarer sa flamme et son intention d'avoir des enfants, Stéphane avait mis son plus beau string, celui en plumes de pintade monégasque...

(Musique de Mon truc en plumes *de Zizi Jeanmaire)*

Viens là vieille mule
T'as tout gagné
J'vais t'ravager
Vas-y ondule
Sois pas fébrile
J'adore ta tête
De Playmobil
Enlève ton pull
Arrache ta gaine
Et sois vilaine
J'aime quand tu hurles
Quand t'es en cuir
Ça m'fait frémir
J'veux m'reproduiiiiireeeee...

Fiesta obligatoire

Invité : Rika Zaraï – 31 décembre 2007.
CD : *Quand les hommes.*

Ce soir, c'est fiesta obligatoire : c'est le réveillon de la Saint-Sylvestre…
Alors, bien sûr, la fête se décline de façon différente selon les goûts et les envies. Pour ce soir, plusieurs tendances se dessinent…
Il y a le dîner de famille des gens qui n'ont pas d'amis… Configuration classique : les parents et un enfant. Prenons un exemple avec le père, la mère et la fille de quinze ans adolescente gothique !
La fille fait la gueule parce que son père lui a interdit d'aller passer le réveillon avec sa meilleure amie Graziella… Pourtant ça avait l'air super. Elle avait trouvé un plan génial, Graziella : une soirée « cercueil et rats crevés » à écouter des chansons de Mylène Farmer à l'envers dans une cave à Melun…
Le père fait la tronche aussi parce que le repas dure plus longtemps que d'habitude le soir du réveillon et que sa femme, avec ses bigoudis et sa robe d'intérieur avec motifs à fleurs en nylon, il en peut plus de la voir… Alors quand, au bout de trente minutes de silence, sa femme balance : « Y a pas à dire, c'est bon la dinde », il ne peut s'empêcher de répondre : « Oui, et puis ça me change d'en manger. D'habitude je dîne avec ! » Du coup,

tout le monde regarde à la télé le *Spécial on fait la fête jusqu'en 2008 avec Patrick Sébastien.* Comme c'est une spéciale réveillon, l'animateur sera bourré. Bourré mais en smoking, alors ça va...

Cela dit, ce soir, pour un gros pourcentage de la population, ce sera soirée dansante avec le buffet et les amis... Alors, bien sûr, c'est fait pour s'amuser, ce genre de fête, pour être futile et sans consistance. Faites des blagues plutôt que de parler de la dérive du parti socialiste : ça peut casser l'ambiance... Buvez mais pas trop si vous ne connaissez pas tout le monde. Vous risquez de vous trimballer l'étiquette du boulet de la soirée si, à vingt-deux heures, vous avez déjà vomi trois fois dans le porte-parapluies...
Si vous dansez, faites-le avec retenue. Là encore, le gars ou la fille qui saute en l'air avec une bouteille dans chaque main en se cassant la gueule sur les invités assis a souvent l'air d'un abruti. En tout cas, on passe rarement pour un héros quand on renverse du pinard sur tout le monde et qu'on pète le mobilier...
Puisqu'on parle danse et alcool : messieurs, n'insistez pas si vous voulez danser avec une jeune femme que vous avez repérée et qui reste dans son coin. Demandez-lui une fois et, si elle refuse, laissez tomber et attendez avant de recommencer... Petit conseil, ne la tirez pas par le bras en criant : « Allez viens, on va se marrer je te dis !... Hein ? Oui, ben laisse-toi faire et je te ferai plus mal au bras ! »

Autre grande question : faut-il profiter des douze coups de minuit et de la bise de bonne année à tous les invités pour tenter d'embrasser à pleine bouche avinée celui ou celle qu'on a repéré ?
Là, je dis : « Méfiance... »
Si vous ne lui avez pas adressé la parole de la soirée, je dis : « Y a un risque ! »
Risque de vous prendre un râteau et peut-être même de marquer les esprits en devenant l'heureux élu de la première baffe 2008 !

Vous pouvez aussi passer le réveillon dans un restaurant ou dans un endroit avec thématique… Pourquoi pas à Disneyland avec Mickey, Donald et Buzz l'Éclair ! L'occasion aussi de réserver votre nuit dans la suite CNN : « Carla N Nicolas » ! Suite où depuis une semaine (et en guise de clin d'œil) un tableau géant a été placé au-dessus du lit, tableau qui représente Simplet debout sur un tabouret en train de rouler une pelle à Cendrillon !

Dans un rayon de cinq cents mètres

Invitée : Isabelle Adjani – 24 mars 2009.
Film : *La Journée de la jupe.*

Rhaaaaaââ, Isabelle Adjani…
C'est inouï, insensé, bouleversant de hasard !
Vous qui vous faites si rare dans les médias, vous vous retrouvez là, ici, au *Fou du roi*, et sans vous y attendre une seule seconde vous avez la chance d'être assise à côté de moi !
Vous deviez sûrement vous dire : « Finalement ce type extraordinaire ne doit pas exister vraiment, c'est de la légende tout ça ! Cet homme au pouvoir de séduction si magnétique que certaines femmes ont implosé à trop regarder sa photo, ça ne se peut ! »
Et pourtant c'est si vrai, Isabelle, si malheureusement vrai pour toutes celles qui dans leur triste vie n'auront pas la chance de m'approcher à moins de cinq cents mètres.
Oui, car dans un rayon de cinq cents mètres mon envoûtement érotisant fonctionne.
Une fois, je me promenais en Afrique : oui, j'aime bien de temps en temps, le week-end, faire le point en traversant à pied ce continent un peu à mon image, brut et sauvage à la fois… Eh bien, je marchais nu et figurez-vous qu'en éternuant j'ai fécondé tout un village.

Bref, je suis là et c'est ça qui compte.
Je me présente…
«Je» c'est moi. Et moi, c'est Daniel Morin, icône passionnelle !
Isabelle, votre histoire de *La Journée de la jupe* m'a transcendé…
Cette femme qui va jusqu'à braquer ses élèves pour qu'on l'écoute et qu'on la respecte m'a donné le frisson…
Je me suis même dit : « Tu sais, Daniel Morin, c'est peut-être une femme comme Isabelle Adjani qu'il te faut… Une femme qui peut-être te fera mal à la raison, peut-être te braquera les sentiments, mais une femme qui te fera pétiller comme un grand verre de Perrier glacé qu'on boit trop vite un jour d'été, après un tennis avec Olga la correspondante roumaine qui vous bat à chaque fois et pour cause, on apprendra plus tard qu'en vérité Olga était un homme… Perrier dont les bulles vous agressent la gorge mais qu'on ne peut s'arrêter de boire tant la sensation est réconfortante… Réconfortante comme savait l'être Olga quand on prenait la douche ! »
Bref, ça peut faire mal, mais on est tenté !
C'est pour cela, chère Isabelle, que je ne puis résister à l'envie de vous exprimer mes sentiments…

(Musique de La Belle de Cadix*)*

Isabelle Adjani je s'rai à toi toujours
Je veillerai sur toi comme veille le vautour
Si tu veux séquestre-moi
Je n'résisterai pas
Oui je serai ta chose
À la cave tu descendras
Et tu me puniras
Ah la jolie psychose
Isabelle Adjani tu es mon seul bonheur
Tant pis si ça veut dire accepter la douleur
Souffrir c'est très chic : aïe aïe aïe
C'est même érotique : aïe aïe aïe
À grands coups de trique : aïe aïe aïe !

Donne une chance à notre malheur !

Invitée : Amélie Nothomb – 7 septembre 2006.
Livre : *Journal d'hirondelle.*

Un mètre soixante-sept, cinquante-six kilos, des yeux en permanence écarquillés comme ceux du poisson-lune quand il aperçoit le barracuda, le cheveu aussi noir que le vêtement, ce qui lui va à ravir et qui n'est pas sans nous rappeler le style à la fois charmeur et mutin qu'ont les veuves portugaises à la Toussaint !
Amélie, ça fait tellement longtemps que j'attends ce moment-là !
Quand je vous vois si généreuse avec vos fans, eux aussi, tout en noir, je me dis que vous êtes forcément quelqu'un de bien !
Toujours le petit mot gentil pendant les séances de dédicaces !
« Ça va, ta déprime ? Super ! Tiens le coup, le bonheur ça craint. »
En même temps avec un look à mi-chemin entre Harry Potter et la famille Adams, c'est bien normal d'avoir comme fans des gothiques !
C'est amusant quand on sait que vous avez fait des études de philologie romane de vous imaginer au milieu des gothiques !
Bref !

Amélie, votre différence, votre côté sombre, ça ne me fait pas peur, et j'irai même plus loin, vous me plaisez !
Oooh ouiiiiiii, vous me plaisez !
Ooh, et puis ça suffit avec le vouvoiement ! Tu me plais, Amélie !
Alors, bien sûr, je pourrais te promettre une vie de rêve faite de tendresse et de volupté. Je pourrais te promettre une grande maison gaie pleine de rires et de chansons !
Le matin nous prendrions le petit déjeuner en écoutant le best of de la Compagnie créole. Là, bien sûr, j'en profiterais pour te faire zouker dans le salon à t'en faire perdre la tête, jusqu'à ce que tu m'implores de retourner dans la chambre pour que nous fassions à nouveau reculer les limites du plaisir, tels deux labradors laotiens, dans l'atmosphère charnelle et humide de nos draps en satin du Congo avec cette fois en fond sonore et à tue-tête la version techno-rap de la *Lettre à Élise* de Richard Clayderman !
Tous les week-ends, nous partirions sur une île paradisiaque où nos corps exulteraient au soleil et nos foies exploseraient à la pina colada !
Je t'emmènerais voir les sublimes fonds marins où, pour toi, j'attraperais un dauphin que j'apprivoiserais et qu'on appellerait Baby-Foot !
De retour sur le sable, je te raconterais les meilleures blagues de Guy Montagné et là, au bout de plusieurs heures de rire ininterrompu, et à la vue de mon corps prisonnier d'une musculature digne du bison finlandais, tu me dirais que tu m'aimes plus que le jambon Madrange et, bien sûr, nous profiterions de notre solitude pour faire l'amour comme des hyènes yougoslaves en hurlant si fort que les noix de coco nous tomberaient dessus et que les crabes se mettraient à chanter du gospel !
Mais je sais que tout ça, c'est du bonheur, Amélie et que le bonheur, toi, tu n'en veux pas !
Eh bien qu'à cela ne tienne, Amélie…
J'ai des projets pour nous. Plein de projets. De vrais projets comme tu les aimes !

Nous pourrions tous les deux nous installer dans une petite maison sans confort et sans radiateur !
Pour nous réchauffer un peu nous courrions complètement nus dans un jardin parsemé d'arbres morts et de fleurs fanées, et bien évidement nous nous blesserions les pieds en marchant sur des ronces géantes !
Le soir, auprès du feu éteint, les yeux révulsés tu me raconterais des histoires à l'envers en latin et, moi, je t'écouterais tendrement en caressant notre chien mort !
Le dimanche matin, nous irions à la messe noire. Au réveil, on se flagellerait mutuellement en écoutant chanter Mylène Farmer !
Je t'emmènerais en vacances dans la cave !
Tiens, et puisqu'on parle de cave, si tu veux pour ton anniversaire je t'offrirais une petite Natascha !
On aurait des posters d'Émile Louis et de Landru.
Tous les étés, on se ferait l'université d'été du Front national.
On aurait un élevage de rats, on mangerait chez Flunch. Et comme je sais que tu es déçue de ne pas avoir eu JP2 dans ton casting pour tourner dans l'adaptation télé de *Stupeur et Tremblements*, je te le jure, c'est un ami : je t'aurais Rocco Siffredi pour tourner le rôle principal de *La Métaphysique des tubes* !
Oooh ! Amélie, donne une chance à notre malheur !
Et pour te prouver que mon amour est sincère, Amélie, je vais ici maintenant devant tout le monde te le chanter !

(Musique de L'Amérique *de Joe Dassin)*

Amélie, je dois m'en aller
Dans une minute on s'ra séparé
Pourtant avec toi je veux m'accoupler
Amélie

On s'rait bien, on s'rait malheureux
On aurait des enfants hideux
On f'rait l'amour allongés sur des pneus
Amélie

Amélie Amélie je veux t'avoir et je t'aurai
Amélie Amélie si tu résistes, je te cognerai
Je n'suis pas très malin, on ne peut pas dire que je sois beau
Mais franchement ma chérie, toi non plus t'es pas un cadeau
Hoo Amélie !

Je t'aime !

Bye-bye, geisha

Invitée : Angela Gheorghiu – 13 décembre 2007.
CD : *Live from La Scala.*

Rhaaaaaaaaâââ, Angela !
Délicieuse diva qui transforme nos vies grises en scintillant opéra, quel bonheur de vous avoir à côté de moi !
Quand je pense que ce matin vous ignoriez encore que votre fin de matinée allait être bénie de l'énorme privilège de me côtoyer !
Et pan ! Vous voilà assise à droite de la légende !
Ahhh, je sais ce que vous êtes en train de vous dire intérieurement. Vous vous dites : « Cette fois c'est sûr, Dieu existe et il me fait une fleur. »
Je me présente : Daniel Morin, troubadour de l'amour, ténor du corps, baryton des passions…
Quelle histoire belle et cruelle à la fois que celle de cette pauvre Butterfly !
Séduite par un marin étranger puis abandonnée comme une vulgaire chaloupe à la dérive sur l'océan des illusions perdues !
Humpf : c'est drôle !
Drôle et tragique à la fois car cette histoire est amèrement familière à mes oreilles !

Toutes ces pauvresses que j'ai laissées au bord de la route de l'extase sans jamais revenir en arrière...
Mais que voulez-vous : il y a tant de candidates de valeur et j'ai si peu de temps !

Parlons d'autre chose si vous le voulez bien, ça me rend mal à l'aise toute cette demande, ça chamboule ma modestie !
Toujours au chapitre *Madame Butterfly*, je ne sais pas si vous êtes au courant, mais au départ dans l'opéra de Puccini existait un passage un peu machiste où le marin américain larguait la jeune Japonaise en lui disant sans ménagement qu'il la trouvait bête et qu'il ne supportait plus de vivre au Japon... Ce qui est cocasse dans cet opéra de Puccini, c'est que le passage en question est musicalement très proche de l'œuvre d'Eddy Mitchell...

(Musique de La Dernière Séance *d'Eddy Mitchell)*

Écoute bien la geisha
Et arrête de boire du thé
Toi qui n'comprends jamais rien
Essaie de te concentrer
Ton cerveau est plutôt fin
Tu as l'Q.I. d'un poulet
Notre av'nir n'a aucune chance
Je sais pas ce que tu en penses
Arrête de sourire ça va m'énerver

Ne dis pas que tout va bien
Je peux plus te supporter
Tes sushis ne valent rien
En plus tu les fais chauffer
J'en veux plus des kimonos
J'peux plus digérer l'saké
Une journée de plus ici
Avec toi derrière qui m'suis
Moi c'est simple je me fais hara-kiri

Bye-bye je pars sans regret
Tu es d'venue un boulet
Buter-fly : arrête de rigoler
Tu viens d'te faire larguer
J'veux plus voir un Japonais
J'ai besoin d'déménager
À Pearl Harbour j'vais habiter !

Peut-on réussir sans moustache ?

Invité : Francis Cabrel – 20 janvier 2007.
CD : *Des roses et des orties.*

Il est la réponse vivante à la question existentielle : « Peut-on réussir dans la vie sans moustache ? »... Plus de 600 000 albums vendus l'année dernière sans un seul poil sous les narines ! Monsieur Cabrel, bravo !
Vous êtes le number one des ventes... Madonna est loin derrière ! Eh oui Madonna... Maintenant tu le sais : quand on est une fausse blonde et qu'on a plus de cinquante ans, il faut aussi se raser la moustache ! Non, et puis cette façon de chanter, Madonna... Excusez-moi, madame, mais c'est super-ringard ! Aujourd'hui, c'est la sincérité qui compte ! Si vous aviez chanté à la manière de notre champion Francis, c'est-à-dire avec un léger accent et une mélodie enjôleuse, vous auriez captivé vos fans et partout dans le monde vous seriez number one ! Démonstration...

(Musique de Je l'aime à mourir *de Francis Cabrel)*

Ohhhh like a virgin
Touch for the first time
Like a virgin

Your heart beat next to mine
Beat next to mine
Beat next to mine
Humm papa don't preach…
Holiday
Celebrate
Yes we need a holiday
Just some timeeee
To get awayyy
Erotica
Hum express yourself

Aaaah… Ça a une autre gueule, quand même !

Pour en revenir à vos moustaches, c'est vrai qu'on a longtemps cru que c'était elles qui vous donnaient votre force…
Il y a deux ans, pour qu'on soit plus performant au *Fou du roi*, Stéphane nous avait obligés à nous les laisser pousser… Il avait donné l'exemple et arborait avec fierté de belles bacantes à la Viking qui retombaient jusqu'au menton…
Didier Porte, notre humoriste révolutionnaire, ne s'est pas fait prier pour imiter Staline. Quant à moi, j'avais un look Village People très seyant…
Tout le monde a dû s'y mettre. C'est d'ailleurs pour cette raison que Stéphane a embauché à l'époque notre ravissante humoriste espagnole Trinidad…
Trinidad dont les origines latines lui permirent en deux jours sans rasoir d'avoir le sourire touffu de Pancho Villa !
Enfin tout cela n'a pas duré bien longtemps…
À l'occasion de vacances en Grèce, notre bon Stéphane fit un jour la bise à Demis Roussos, dont la barbe hirsute, plus proche du barbelé que du duvet, fit Velcro au contact de ses moustaches… Il a fallu que les pompiers interviennent au chalumeau pour les séparer !
Ça a senti le cochon grillé pendant deux semaines dans tout le Péloponnèse !

Un rien ma muse

Invitée : Barbara Schulz – 19 septembre 2007.
Théâtre : *En toute confiance.*

Rhaaaaaaaaââ, Barbara !
Si vous saviez comme je suis content de vous voir…
Ça fait plus de deux semaines que *Le Fou du roi* a effectué sa rentrée et j'ai eu comme invités Mazarine Pingeot, Sam Karmann et Lorànt Deutsch…
Pas une seule nana !
Je commençais à trouver le temps long !
Pour moi, votre venue est un enchantement, une douceur, une gourmandise !
Du coup, je me suis préparé comme jamais, mesdemoiselles…
Petit déjeuner équilibré : j'ai mis des céréales dans mon pastis et un nuage de lait dans mon pinard…
Piscine tous les matins pour raffermir le bestiau !
Tous les matins, depuis une semaine, je fais mes longueurs…
Vous m'auriez vu hier, on aurait dit un squale… Un vrai hors-bord, je te faisais de ces vagues ! Même Chimène Badi, elle aurait pu surfer dessus, avec une telle houle ! J'allais tellement vite qu'à un moment j'ai traversé le cours d'aquagym du troisième âge sans m'en rendre compte… C'est en sortant de l'eau que j'ai réalisé : j'avais une vieille plantée au bout du bras.

Bref...
Je suis affûté comme un danseur de tango. Souple du bassin, généreux de la rotule, ferme du torse, soyeux de l'épiderme et gominé de l'œil : je frétille...
Ahhhh, l'inspiration de la première œuvre ! Qu'est-ce qu'on ne donnerait pas pour la retrouver ! Surtout quand cette dernière a des traits comme les vôtres, Barbara...
Croyez-moi, Barbara, si j'avais été à la place du peintre de la pièce, je n'aurais pas attendu que le hasard vous poussât jusqu'à moi... J'aurais remué ciel et terre pour vous retrouver et me faire pardonner de ne pas vous avoir peinte dix fois, cent fois, un million de fois ! De face, de profil, sur les mains, en amazone menaçante ou en militante UMP hystérique, sublime comme une femelle labrador colombienne ou bien mutine déguisée en Canard W.-C. !
Car quand on vous a une fois dans le viseur, Barbara, on n'oublie pas : on crève d'envie de vous retrouver...
Si cette histoire m'était arrivée, pour vous, Barbara, j'aurais pris les traits des plus grands détectives...
Pour avoir le flair de Maigret, je me serais mis à la pipe comme un forcené..
Pour avoir la vista de Magnum j'aurais mis des chemises ridicules et des shorts en jean qui m'auraient fait mal aux chouquettes...
Pour avoir la clairvoyance de Navarro, j'aurais pris l'accent d'Enrico Macias.
Pour avoir la pugnacité de l'inspecteur Harry qui ne lâche jamais ses proies, j'aurais mis dans mon portefeuille la photo d'Émile Louis !
À pied, j'aurais marché jusqu'aux moignons des chevilles et, à cheval, j'aurais galopé à en avoir de la corne au croupion...

Malheureusement je n'ai eu comme muse que ce qui voulait bien me tomber sous la main...
Adolescent, c'était la fille des voisins, Tapioca, qui m'inspirait pour mes dessins... Elle avait seize ans comme moi, elle mesu-

rait un mètre vingt comme Jordi et elle pesait quatre-vingts kilos comme mon père...
Elle posait pour moi, aussi nue que lascive sur le canapé du salon... Elle n'a plus été ma muse le jour où j'ai apporté à l'école un de mes dessins d'elle et que le prof d'art a trouvé ça original que je dessine un bus rose posé sur un divan.
J'ai donc arrêté le dessin et me suis consacré à la taxidermie... Mon premier et dernier chef-d'œuvre fut une grenouille. Le problème, c'est que j'avais trop rempli le batracien et qu'une fois sèche la peau fut plaquée à mort et tirait le visage de façon étrange... J'ai gardé mon trophée comme souvenir et je l'ai appelé Régine...

Enfin bref, on n'est pas là pour parler de moi et de mes hobbies... Alors pour conclure, Barbara, je dirai simplement que cela n'étonne personne que vous ayez été choisie pour jouer le rôle d'une muse...
Nombreux sont ceux qui ont essayé de vous persuader de poser pour eux. J'ai même entendu parler d'un photographe qui vous avait approchée. Un photographe de charme qui a essayé de vous convaincre... Il vous a fait sa proposition en chanson, et comme le hasard fait bien les choses, j'ai réussi à mettre la main sur cette invitation à faire carrière...

(Musique de Banana Split *de Lio)*

Ça me déplairait pas que tu m'inspires
Bar-ba-ra
Que tu deviennes ma muse ou même pire
Bar-ba-ra
J'espère au moins que tu aimes porter du cuir
Barbara Barbara tu peux avoir confiance en moi
Je ne suis pas pervers
Mon travail devrait te plaire
Mes photos n'sont jamais vulgaires
Laisse tes habits au vestiaire

Tu s'ras très populaire
On trouvera ton poster
Chez les taulards les militaires
Et même dans les monastères

Barbara ha Barbara waaa…
Barbara Schultz hum
Barbara ha Barbara rhhha…
Barbara Schultz ouiiii

J'ai même une clientèle hyperprivée
Barbara
De gens qui reconnaissent mes qualités
Barbara
J'travaille aussi pour des célébrités
Barbara Barbara, si tu savais c'que je fais des fois…
Comme Geneviève de Fontenay
Qui m'a encore demandé
Si j'pouvais la photographier
À poil sur un charolais
Ou bien Roselyne Bach'lot
En guêpière et en chapeau
En train de rouler à moto
Un rugbyman sur le dos

Barbara aaaa-llez pose pour moi
Barbara Schultz hum
Barbara non n'hésite pas (en toute confiance viens vers moi)
Barbara Schultz ouiiii

La fiancée de Stéphane

Invité : Bernard Lavilliers – 24 janvier 2008.
CD : *Un samedi soir à Beyrouth.*

Il semblerait que la chance ait tourné dans le bon sens pour les chanteuses à formes généreuses… La preuve avec Cindy Sanders qui n'a comme talent que celui d'être aussi large que déterminée et qui a signé un véritable tube avec *Papillon de lumière*…
Eh bien Bernard je serais vous, je surferais sur la vague Cindy Sanders. Vous prenez vingt-cinq, trente kilos, vous vous achetez une perruque et vous modernisez un de vos tubes…

(Musique de Papillon de lumière *de Cindy Sanders)*

Nous étions jeunes et larges
Oui larges d'épaules
Bandits insolents
Insolents et drôles
On the road again
Oui on attendait
On the road again
Que la mort nous frôle

Ça sent le disque d'or tout ça… Ou alors vous gardez votre musique et vous reprenez du Cindy Sanders…

(Musique de On the road again*)*

Rien n'est plus fort que d'être sur scène
Petite chenille j'en rêvais déjà
Exister montrer à ceux que j'aime
Papillon d'lumière : lumière
Papillon d'lumière : lumière

Pensez-y, Bernard, y a du pognon à se faire. En plus d'avoir la joie de chanter des beaux textes…
En parlant de beaux textes et de voix cristalline, quel soulagement pour tous les amoureux comme moi des Petits chanteurs à la croix de bois ! Interdits de représentation en début de mois par la préfecture de l'Oise pour cause de non-respect de la législation du travail des enfants, la chorale des petits garçons en short va pouvoir reprendre du service suite à l'intervention de Brice Hortefeux.
Pour le coup, cette fois, Bernard, je verrais les petits chanteurs faire un coup marketing en reprenant un de vos tubes à vous sur leur musique à eux…
Pour la messe de Noël à Notre-Dame, on les habillerait en cuir et, avec leurs petites voix, ils chanteraient un de vos titres torrides et sensuels comme *La Salsa*…

(Musique de Il est né le divin enfant*)*

Tout le gang était là,
Ceux d'Porto-Rico, ceux de Cuba ah ah
Y avait même les maquereaux d'Harlem,
Les vendeurs de coke et d'coca
C'est une Latine de Manhattan,
De la résine de macadam
Un coup de fouet, de haut en bas,
Qui te soulève, c'est la salsa

Ce serait un vrai carton !

En tout cas, Bernard Lavilliers, mis à part toutes ces considérations artistiques : on peut dire que vous êtes toujours une sacrée bête physiquement !
Vous êtes gaulé de la mort !
J'en veux pour preuve la réaction de la fiancée de Stéphane, Mireille M., chanteuse méridionale à la retraite qui, sachant que vous veniez aujourd'hui, m'a passé un petit coup de fil ce matin…
– Allô monsieur Morin ? C'est Mireille, la fiancée de Stéphane !
– Qu'est-ce qu'il a fait cette fois ? Me dites pas qu'il a vous a encore demandé de tourner avec lui dans un film cochon !
– Mais non, ça, c'est fait, on l'a tourné la semaine dernière le porno avec Jack Lang et Régine.
– Quelle horreur !
– Non, je vous appelle parce que je sais qu'aujourd'hui vous allez recevoir Bernard Lavilliers !
– Oui et alors ?
– Et alors physiquement c'est mon fantasme absolu…
– Ben pourquoi vous demandez pas à Stéphane de prendre le style de Bernard Lavilliers pour vous donner le frisson ?
– Mais je lui ai déjà demandé ! Je lui ai dit : « Allez fais-moi plaisir, mon gros tigre à bouclettes : enlève ta robe de chambre en pilou-pilou et habille-toi avec du cuir et des trucs virils style motard ! »
– Et alors ?
– Et alors il est revenu au lit avec un casque sur la tête !
– Ah oui, c'est pas le même délire… Qu'est-ce que je peux faire pour vous, Mireille ?
– Est-ce que vous pouvez donner mon numéro de téléphone à Bernard et lui dire que je suis prête à tout pour passer une heure avec lui ?
– Comment ça, prête à tout ?
– Ah ben je suis prête à oublier ma fierté de femme libre ! S'il veut, je serai active et chaudasse comme une étudiante ukrainienne. Ou, s'il préfère, je serai passive et soumise comme un plateau de charcuterie !

– Vous croyez que c'est raisonnable à votre âge, Mireille… Bernard Lavilliers il est bâti comme un tracteur ! Il va vous casser quelque chose !
– Vous inquiétez pas pour moi ! Je peux vous dire qu'à mon âge, justement, j'en ai déroulé du câble !… Une fois, j'ai passé la nuit avec une équipe de rugbymen roumains, ils m'ont cassé trois dents, fracturé cinq côtes et déboîté le bassin, eh bé j'ai adoré…
– Je vais voir ce que je peux faire !
– Je compte sur vous ! Au revoir et que Dieu vous garde !

Voilà Bernard. Y a plus qu'à…

Les lois du sexe

Invité : Bernard Werber – 2 janvier 2006.
Livre : *Le Souffle des dieux.*

Lundi 2 janvier 2008 : nous recevons avec joie celui qui va probablement succéder à Élizabeth Teissier comme ministre de la Science et du Futur… Bernard Werber.
Eh oui, Bernard : vous êtes favori dans les pronostics à la reprise du ministère laissé vacant par celle qui, depuis sa complicité avec François Mitterrand, restera à jamais aux yeux de la France comme « la femme qui lit dans les boules » !
Quelle ascension fulgurante, Bernard… On est bien loin du petit garçon un peu étrange qui passait ses vacances allongé par terre à regarder les fourmis en leur disant : « Un jour je serai votre maître et nous irons conquérir le monde… » Fourmis qui vous ont bien aidé, soit dit en passant. Grâce à elles vous êtes devenu millionnaire : votre trilogie, tome 1 *Les Fourmis*, tome 2 *Le Jour des fourmis* et enfin tome 3 *La Révolution des fourmis*, ça a été le pactole !
La preuve, ça en a inspiré plus d'un et plus d'une, ce genre « insecto-futuriste ». J'en veux pour preuve le succès de Brigitte Lahaie avec sa trilogie à elle… Tome 1 *Les Morpions*, tome 2 *Le Jour des morpions* et enfin tome 3 *Morpions, si tu en as marre, rase-toi le dindon.*

Peu de gens le savent, mais votre parcours est en grande partie le fruit de vos rencontres… L'exploration de la mort dans votre roman *Les Thanatonautes* vous est venue suite à un week-end passé en compagnie de Line Renaud et Henri Salvador !
Tout comme en 2007 : votre livre *Les Envahisseurs sont déjà là* est le résultat de vos observations sur les frères Bogdanoff !
Vous êtes le premier à avoir douté des origines humaines de ces deux frères dont l'un a le menton de Toutankhamon et l'autre le Q.I. d'une boîte de thon !

Par ailleurs, Bernard, vous avez cette grande qualité qui est de tirer le signal d'alarme sans en avoir l'air, tout en nuances… Malheureusement quelquefois c'est trop subtil et on ne réagit pas.
Personne n'avait compris le message des *Fourmis* : la menace de cette petite bestiole cruelle aux mandibules ravageuses prête à tout pour conquérir le monde… C'était en fait un avertissement à la progression de Nicolas Sarkozy !
Par contre, honte à vous Bernard pour le passage soi-disant scientifique consacré à la « hiérarchie chez les rats » dans votre *Encyclopédie du savoir relatif et absolu* !
Vous y décrivez le mode de comportement de ces rongeurs qui, même rassemblés par petits groupes, reproduisent à chaque fois les mêmes schémas d'organisation sociale…
Il y a les dominés qui se crèvent la paillasse pour aller chercher la bouffe, les dominants qui bastonnent les dominés pour leur piquer la bouffe, les autonomes qui se démerdent et les souffre-douleur qui se font latter le museau par tout le monde…
Bernard ! Tout le monde avait reconnu le projet de réforme du code du travail par le Medef !

Bref. Autre sujet… Bernard, vous n'êtes pas le dernier en ce qui concerne la déconne et la gaudriole. Vous cachez bien votre jeu avec votre physique à mi-chemin entre Laurent Fabius et Harry Potter !
Je veux parler de ce que j'ai vu sur votre site Internet : et plus précisément de vos lois du sexe… Là, d'un seul coup, je me suis senti superproche de vous…

Bon, on va pas tout citer mais quelques-unes quand même…
« Le sexe n'a pas de calories. » Ça m'a rassuré de voir qu'il y en avait d'autres que moi prêts à dire tout et n'importe quoi pour convaincre.
« Il n'y a pas de remède au sexe, excepté plus de sexe. » Oui, ben ça aussi j'ai dû le dire mille fois !
« Le sexe, c'est comme la neige. Vous ne savez jamais combien de centimètres vous allez avoir, ni combien de temps ça durera. » Moi, je trouve ça bien de citer du Évelyne Dhéliat !
« L'acte sexuel n'est sale que s'il est fait comme il faut. » Yes, mon Bernard !
« Quand la lumière s'éteint, toutes les femmes sont belles. » Ah ben oui, Bernard : période de fête oblige, on se fait son petit boudin !
« Ce qui compte n'est pas la longueur de la baguette, mais la magie qu'il y a dedans. » Là, on revient au côté Harry Potter…
« Il vaut mieux faire envie que pitié. » Là, c'est le côté Fabius qui donne des complexes…
« Ne jouez jamais à saute-mouton avec une licorne. » Là, je dis : racontez-nous, Bernard !
« Ça ne fera pas mal, je te le promets. » Vous, vous vous êtes fait choper par la licorne et vous voulez vous venger…
« N'ayez aucune relation avec quelqu'un du bureau. » Là, moi, je dis « pas d'accord ». C'est même la seule motivation qui me pousse à aller au travail…

Par contre, je suis un peu surpris et déçu que vous n'ayez pas cité la loi du sexe de Rocco Siffredi – phrase qu'il a empruntée à son boucher, je crois, et qui dit : « Y en a un peu plus, je vous le mets quand même ? »
Pour en finir, Bernard, je sais pas si c'est votre savoir dans le comportement des dieux qui va vous faire entrer au gouvernement, mais s'il vous plaît, continuez de nous faire rêver. On passe déjà assez de temps comme ça à s'ennuyer !

Soutane Academy

Invité : Jean-Marie Bigard – 4 mai 2009.
Film : *Le Missionnaire.*

Bonjour mes frères, je suis l'abbé Morin, caution morale de cette émission dépravée, diabolique et déviante…
Mes frères, je suis heureux que vous ayez participé à ce film, *Le Missionnaire*, qui remet un peu de spiritualité au cœur du cinéma français !
Comme vous, frère Jean-Marie, au moins une fois dans sa vie l'homme devrait consacrer un peu de son temps à Dieu. Par exemple en aidant son prochain dans la tourmente, le malheur ou le désarroi, à l'instar de frère Stéphane, ici présent, qui n'hésite pas à donner son temps libre depuis deux ans maintenant pour s'occuper et distraire une vieille chanteuse avignonnaise à la retraite prénommée Mireille !
Par ailleurs, je compte bien surfer sur le succès de votre film, en engageant en même temps que sa sortie, une vaste campagne de recrutement.
Et je n'ai pas peur d'utiliser des moyens modernes pour susciter de nouvelles vocations… Sur mon site Internet abbemorin.com, j'invite tous les jeunes qui nous écoutent à se rendre directement à la rubrique « Soutane Academy ».

(Musique disco jouée à l'orgue)

Tu es jeune, tu es fringuant, mais tu cherches ta voie? Ce monde qui tourne autour de l'argent et du paraître ne te convient pas? Ton niveau d'études est de… euhhh, peu importe. Tu aimes le contact, la chanson et t'habiller en robe? Inscris-toi à la Soutane Academy! Tout en faisant des études pour devenir prêtre, tu suivras une formation de chanteur pour donner à tes messes un côté flash, glitter et funky à la fois…
Envoie une photo de toi pour passer le grand casting de la rentrée et dans un an qui sait: tu seras peut-être le premier crooner curé…

Pour la Soutane Academy, j'ai aussi besoin de professeurs, alors si tu es un curé d'expérience et que tu nous écoutes, va toi aussi sur mon site et clique sur «Encadrement et flagellations»!

(Musique d'église à l'orgue)

Tu es ecclésiastique à la retraite ou bien injustement défroqué. Tu te sens seul avec ta retraite de misère et ta bonne du curé acariâtre… Tu voudrais retrouver cette époque bénie où tu avais à ton service de gentils et dociles enfants de chœur…
Inscris-toi à la Soutane Academy! Tu suivras les études de jeunes prêtres motivés et bien bâtis qui auront sûrement besoin parfois d'une bonne punition, comme le martinet ou la fessée…
Tu seras aussi appelé à les surveiller et à leur donner leur bain…
Rejoins la Soutane Academy et donne un nouveau souffle à ta vie!

À la Soutane Academy, je compte aussi sur des célébrités comme vous, frère Jean-Marie, pour me donner un coup de main.
J'ai même pensé à une parodie d'un de vos plus célèbres sketchs pour donner un côté ludique à l'exercice délicat de la confession…
Si vous voulez bien, frère Jean-Marie…

(Parodie du sketch Le Lâcher de salopes*)*

Oh, nom de Dieu, je suis en colère!
Hier je suis passé à la paroisse ils avaient fait un lâcher de croyantes!
C'était de l'élevage... Vous connaissez mon côté sportif, moi, j'ai même pas sorti le missel de ma poche!
Ah, ben j'ai tout de suite vu que c'était de la croyante d'élevage!
Ben, tu t'approchais d'elles, elles se sauvaient pas, elles restaient là, elles voyaient même pas qu'elles allaient se faire confesser! Obligé de leur mettre un coup de pied dans le chapelet pour éviter la pénitence!
Non, parce que moi, la croyante sauvage, je sais ce que c'est!
Ah ben! la croyante sauvage tu la vois tourner, nerveuse, au fond de la paroisse, mais tu la confesses jamais! D'ailleurs pour ceux qui ont eu la chance d'en confesser une, ils te le disent: «Ah ben la confession est incomparable!» Y a des secrets immondes que, la croyante sauvage, elle te sort d'un coup et que la croyante d'élevage n'avoue jamais!
La croyante d'élevage, elle ose rien dire! Et souvent, elle sent l'eau bénite!

Allez, on n'hésite pas à s'inscrire: abbemorin.com, rubrique «Soutane académie»!

À la Néandertal

Invitée : Arielle Dombasle – 30 avril 2009.
CD : *Glamour à mort.*

Rhaaaaaaaaaaaaaââââ, nom de Dieu, Arielle Dombasle, c'est la troisième fois que je suis à vos côtés, très chère Arielle, dans le studio de cette ronde maison !
Et pour la troisième fois, c'est le même sentiment qui m'étreint.
C'est idiot mais j'en ai des frissons…
Vous me plaisez Arielle, vous me plaisez énormément !
C'est drôle, je crois que c'est la première fois que je dis ça à une invitée ! Ou alors si je l'ai dit, c'était à Régine. Mais ça, c'est mon côté déviant et pervers.
Arielle, j'ai écouté religieusement votre dernier album et tout allait bien jusqu'à la chanson *À la Néandertal*. Ça m'a rendu complètement dingue de vous entendre chanter des choses aussi bouillantes…
Quand j'ai entendu : « Je vous tends mon cou à vous mon loup-garou/Faites-moi l'amour », j'ai l'œil droit qui a commencé à cligner tout seul nerveusement.
Quand plus tard vous avez chanté : « Réinventez le feu agrippez mes cheveux/Faites-moi l'amour », j'ai perdu deux molaires.
Et enfin quand vous avez balancé : « Prenez-moi n'importe où à la Néandertal », mon peignoir a pris feu !

Pour me calmer et pour leur plus grande joie, j'ai dû faire l'amour avec toutes les femmes de l'immeuble. Toutes, plus Lothar, le jeune étudiant danois du troisième qui fait l'École des beaux-arts, et dont la magnifique chevelure blonde et fournie sème parfois le doute dans ma libido aussi exacerbée que boulimique !
Je suis d'accord avec vous, Arielle, il faut parfois laisser rugir la bête qui sommeille en nous…
Mon corps de grand fauve a besoin de temps en temps pour dégourdir ses muscles omniprésents, d'un peu de rudesse dans la caresse et de passion dans l'étreinte… Et je dois avouer que votre chanson, Arielle, a réveillé en moi ces pulsions qui ont plusieurs fois failli me coûter de la prison…
J'avais trouvé l'âme sœur, à une époque. Une fille qui aimait l'amour qui chahute… Quand nous étions seuls le soir à la maison elle adorait que je lui chante le programme de la soirée…

(Musique de C'est si bon *d'Arielle Dombasle)*

C'est si bon
Quand il n'y a plus que nous
Que tu trembles de partout
Toute nue dans le salon
C'est si bon
Quand je te dis « on y va »
Qu'tu réponds « je sais pas »
Et qu'j'te chope le chignon
Quand j'te traîne comme un sac jusqu'au lit
Tu roucoules tu ondules tu gémis
C'est si bon
J'te jette sur la peau d'bête
Je t'attache à tes couettes
Et j'te mords le croupionnnnnnnnnn
C'est si bon
Ça nous donne le frisson
J'suis Tarzan l'étalon
Et toi tu es ma guenon !

Vous l'avez compris, moi aussi, je suis adepte de l'amour quand il rime avec challenge physique et rituels primitifs…
Comme le dit souvent le samedi soir Stéphane à sa fiancée Mireille Mathieu quand il saute sur le lit habillé de son slip en peau de furet monégasque : « Accroche-toi au baldaquin, ma gourdasse, le vent de l'amour brutal va souffler dans ta perruque ! Je te préviens, *Le Cercle des poètes disparus* va céder sa place à *La Guerre du feu* ! »
Quelle bête sauvage, ce Stéphane…
Avant que l'on ne se quitte, Arielle, comme je sais maintenant que nous avons en matière amoureuse un point commun, j'ai quelque chose à vous dire…
J'ai des projets pour nous, Arielle. Rien que pour nous deux : partager une aventure aussi belle qu'égoïste sans famille ni amis, et encore moins de gamins qui braillent…

(Musique de Quizas quizas quizas*)*

Trop de femmes autour de moi
Veulent se jeter dans mes bras
Mais ça n'm'intéresse pas
Je passe je passe je passe
Moi, je veux Arielle Dombasle
Celle qui aime l'amour animal
Celui du Néandertal
Celui qui laisse des traces
Arielle viens vivre avec moi
On habitera nus dans les bois
On s'ra heureux comme des rois
Au coin du feu on s'épouillera
Et la saison des amours
Pour nous durera toujours
Et si un enfant voit l'jour
On le do- n'ra à la DASS

Table

Préface : Quatre ans 5
Le Bureau des Hommes Victimes – Christine Ockrent 7
Adoptez-moi ! – David et Valérie Douillet 11
L'inspirateur – Michel Delpech 15
Dieu grec – Demis Roussos 21
Sujet de légende – Franck Dubosc 25
Il n'y a plus de vrai cow-boy – Eddy Mitchell 29
Lettre d'amour – Emma de Caunes 33
Non, vous ne rêvez pas… – Évelyne Bouix 37
Ma préférence – Florence Pernel 41
Romantique – Franck Dubosc 45
Festival de Cannes – Frédéric Mitterrand 49
Loup solitaire – Hélène Grimaud 53
Soyez ignares, soyez incultes ! – Hélène Vincent 57
Générosité et don de soi – Isabelle Mergault 61
Souvent, je fais un rêve… – Jean-Claude Brialy 65
Finie, la langue de bois ! – Jean-François Copé 69
Grande brute ! – Jean Reno 73
Après le quinzième jour – Michel Leeb 77
L'anniversaire de Stéphane Bern – Titouan Lamazou 81
Festival de Cannes – Paolo Coelho 85
Rhaââ, Bernadette ! – Bernadette Chirac 89
Un vrai conte de fées – Mireille Darc 91
Générosité – Pierre Arditi 95

Vie de couple – Roger Hanin....................97
Pygmalion – Barbara Schulz....................99
Le Grenelle de la pornographie – Judith Magre....................103
Allegro – Julia Migenes....................107
Éloge de la feignasse – Maria Pacôme....................111
Viens m'embrasser – Juliette Gréco....................115
Votre instant beauté – Léa Drucker....................119
J'm'en veux – Liane Foly....................123
Vive le vent ! – Lynda Lemay....................129
Alphantastique – Luc Alphand....................131
Voyeurisme quotidien et phobies urbaines – Victoria Abril....135
Critères émotionnels – Alix Girod de l'Ain....................139
La grande cathédrale des Saintes-Extases – Franck Dubosc....145
Cette femme formidable mérite le top ! – Maria Pacôme....151
Ma muse – Marianne James....................155
Tout schuss – Marielle Goitschel....................159
Troisième âge – Philippe Torreton....................163
Chiquito Chorizo – Arielle Dombasle....................169
Grand ordonnateur – Pierre Bergé....................173
Éléphants, saris et gros rouge – Martine Aubry....................177
Quand la mer monte – Maud Fontenoy....................181
Fête des voisines – Yves Coppens....................187
Nique nique – Cécile de France....................191
Un soir au bord du Rio Grande – Micheline Presle....................195
Je me sens Léonard… – Michèle Morgan....................199
Bruelmania – Patrick Bruel....................201
L'étalon de Trégastel – Patrick Poivre d'Arvor....................205
Fou de jalousie – Régine....................209
Chanteur bio – Renaud....................213
Le Parrain – Roberto Alagna....................217
Pablo, je vous aime ! Roberto Alagna....................219
Une vilaine petite loutre à poils longs – Roch Voisine....................223
Mes Mémoires – Michel Sardou....................225
Je serai ton toutou taquin – Sylvie Testud....................231
Voir du foot ou faire l'amour – Thierry Roland....................235
Je ne suis pas près de t'oublier, peuple grec ! – Costa-Gavras..239

Extase cannoise – Olivier Marchal et Mathilde Seigner..........243
La puissance des corps – Yann Queffélec..................................247
Fossoyeur de vertu – Zizi Jeanmaire..251
Fiesta obligatoire – Rika Zaraï 255
Dans un rayon de 500 mètres – Isabelle Adjani 259
Donne une chance à notre malheur ! – Amélie Nothomb......261
Bye-bye Geisha – Angela Gheorghiu..265
Peut-on réussir sans moustache ? – Francis Cabrel 269
Un rien ma muse – Barbara Schulz..271
La fiancée de Stéphane – Bernard Lavilliers 275
Les lois du sexe – Bernard Werber..279
Soutane Academy – Jean-Marie Bigard....................................283
À la Néandertal – Arielle Dombasle...287

RÉALISATION : NORD COMPO À VILLENEUVE-D'ASCQ
IMPRESSION : CPI, FIRMIN-DIDOT
DÉPÔT LÉGAL : JANVIER 2010. N° 172 (97877)
Imprimé en France